DALLOZ

LES

IMPOTS NOUVEAUX

IMPOT SUR LE REVENU
CONTRIBUTION
SUR LES BÉNÉFICES DE GUERRE
TAXES NOUVELLES

Textes sans commentaires.

PARIS
LIBRAIRIE DALLOZ
11, RUE SOUFFLOT

GUERRE DE 1914

EN VENTE :

PREMIER VOLUME : 31 Juillet-15 Octobre 1914
DEUXIÈME VOLUME : 15 Octobre 1914-1er Janvier 1915
SUPPLÉMENT AUX VOLUMES I et II
TROISIÈME VOLUME : 1er Janvier-15 Mars 1915
QUATRIÈME VOLUME : 15 Mars-1er Juin 1915
CINQUIÈME VOLUME : 1er Juin-1er Août 1915
SIXIÈME VOLUME : 1er Août-15 Octobre 1915
SEPTIÈME VOLUME : 15 Octobre-15 Novembre 1915
HUITIÈME VOLUME : 15 Novembre 1915-1er Janvier 1916
NEUVIÈME VOLUME : 1er Janvier-15 Février 1916
DIXIÈME VOLUME : 15 Février-1er Avril 1916
ONZIÈME VOLUME : 1er Avril-1er Juin 1916
DOUZIÈME VOLUME : 1er Juin-15 Juillet 1916
TREIZIÈME VOLUME : 15 Juillet-15 Septembre 1916
QUATORZIÈME VOLUME : 15 Septembre-15 Novembre 1916
QUINZIÈME VOLUME : 15 Novembre 1916-1er Janvier 1917

PRIX DE CHAQUE VOLUME : **2** FR.

En vente à la LIBRAIRIE DALLOZ
11, RUE SOUFFLOT, PARIS-Ve

LES

IMPOTS NOUVEAUX

DALLOZ

LES IMPOTS NOUVEAUX

IMPOT SUR LE REVENU
CONTRIBUTION
SUR LES BÉNÉFICES DE GUERRE
TAXES NOUVELLES

Textes sans commentaires

PARIS
LIBRAIRIE DALLOZ
11, RUE SOUFFLOT

1917

AVERTISSEMENT

Les textes reproduits dans ce volume, concernant l'impôt sur le revenu, la contribution sur les bénéfices de guerre et les taxes nouvelles instituées par la loi du 30 décembre 1916, figurent déjà, à leurs dates respectives, dans la collection de textes relatifs à la guerre publiée par la Librairie Dalloz. Toutefois, en raison de leur importance pour tous les contribuables, il a paru utile de les réunir en une brochure d'un prix modique, présentant un tableau complet de la législation spéciale à chaque impôt. On s'est abstenu de tout commentaire, l'annotation de lois aussi importantes ne pouvant être faite, même sommairement, dans le cadre de ce petit volume.

IMPOT SUR LE REVENU

LOI

du 15 Juillet 1914,

Portant fixation du budget général des dépenses et des recettes de l'exercice 1914.

. . . .

Art. 5. — Il est établi un impôt général sur le revenu.

Art. 6. — L'impôt général sur le revenu est dû, au 1er janvier de chaque année, par toutes les personnes ayant en France une résidence habituelle.

Sont considérées comme ayant en France une résidence habituelle les personnes qui y possèdent une habitation à leur disposition à titre de propriétaires, d'usufruitiers ou de locataires, lorsque, dans ce dernier cas, la location est conclue soit par convention unique, soit par conventions successives, pour une période continue d'au moins une année.

Art. 7. — Si le contribuable a une résidence unique, l'impôt est établi au lieu de cette résidence.

Si le contribuable possède plusieurs résidences, il est assujetti à l'impôt au lieu où il est réputé posséder son principal établissement.

Art. 8. — Chaque chef de famille est imposable tant en raison de ses revenus personnels que de ceux de sa femme et des autres membres de la famille qui habitent avec lui.

Toutefois, les contribuables peuvent réclamer des impositions distinctes :

1° Lorsqu'une femme séparée de biens ne vit pas avec son mari ;

2° Lorsque les enfants ou autres membres de la famille, sauf le conjoint, tirent un revenu de leur propre travail ou d'une fortune indépendante de celle du chef de famille.

Art. 9. (*Modifié par la loi du* 30 *décembre* 1916, *art.* 5). — Sont affranchis de l'impôt :

1° Les personnes dont le revenu imposable n'excède pas la somme de 3.000 fr., majorée, s'il y a lieu, conformément à l'art. 12 ci-après ;

2° Les ambassadeurs et autres agents diplomatiques étrangers, ainsi que les consuls et agents consulaires de nationalité étrangère, mais seulement dans la mesure où les pays qu'ils représentent concèdent des avantages analogues aux agents diplomatiques et consulaires français (1).

Art. 10. — L'impôt est établi d'après le montant total du revenu net annuel dont dispose chaque contribuable. Ce revenu net est déterminé, eu égard aux propriétés et aux capitaux que possède ce contribuable, aux professions qu'il exerce, aux traitements, salaires, pensions et rentes viagères dont il jouit, ainsi qu'aux bénéfices de toutes occupations lucratives auxquelles il se livre, sous déduction

(1) V. le texte de l'ancien art. 9, p. 63.

1° des intérêts des emprunts et dettes à sa charge ; 2° des arrérages de rentes payées par lui à titre obligatoire ; 3° des autres impôts directs acquittés par lui ; 4° des pertes résultant d'un déficit d'exploitation dans une entreprise agricole, commerciale ou industrielle.

Le revenu imposable correspondant aux diverses sources de revenus énumérées ci-dessus est déterminé chaque année d'après leur produit respectif pendant la précédente année.

Art. 11. — En ce qui concerne les personnes non domiciliées en France, mais y possédant une ou plusieurs résidences, le revenu imposable est fixé à une somme égale à sept fois la valeur locative de cette ou de ces résidences, à moins que les revenus tirés par le contribuable de propriétés, exploitations ou professions, si ses ou exercées en France, n'atteignent un chiffre plus élevé, auquel cas ce dernier chiffre sert de base à l'impôt.

Art. 12. — Les contribuables mariés ont droit, sur leur revenu annuel, à une déduction de 2.000 fr.

En outre, tout contribuable a droit sur son revenu annuel à une déduction de 1.000 fr. par personne à sa charge, si le nombre des personnes à sa charge ne dépasse pas cinq.

Pour chaque personne au delà de la cinquième, la déduction sera portée à 1.500 fr.

Art. 13. — Sont considérés comme personnes à la charge du contribuable, à la condition de n'avoir pas de revenus distincts de ceux qui servent de base à l'imposition de ce dernier :

1° Les ascendants âgés de plus de soixante-dix ans ou infirmes ;

2° Les descendants ou enfants par lui recueillis, s'ils sont âgés de moins de vingt et un ans ou s'ils sont infirmes.

Art. 14. (*Modifié par la loi du* 30 *décembre* 1916, *art.* 5). — Chaque contribuable est taxé seulement sur la portion de son revenu qui, après application des dispositions de l'art. 12, dépasse la somme de 3.000 fr. (1)

Art. 15. (*Modifié par la loi du* 30 *décembre* 1916, *art.* 5). — L'impôt est calculé en comptant pour un dixième la fraction du revenu imposable comprise entre 3.000 et 8.000 fr. ; pour deux dixièmes la fraction comprise entre 8.000 et 12.000 fr. ; pour trois dixièmes la fraction comprise entre 12.000 et 16.000 fr. ; pour quatre dixièmes la fraction comprise entre 16.000 et 20.000 fr. ; pour cinq dixièmes la fraction comprise entre 20.000 et 40.000 fr. ; pour six dixièmes la fraction comprise entre 40.000 et 60.000 fr. ; pour sept dixièmes la fraction comprise entre 60.000 et 80.000 fr. ; pour huit dixièmes la fraction comprise entre 80.000 et 100.000 fr. ; pour neuf dixièmes la fraction comprise entre 100.000 et 150.000 fr. ; pour l'intégralité le surplus du revenu, et en appliquant au chiffre ainsi obtenu le taux de 10 p. 100.

Sur l'impôt ainsi calculé, chaque contribuable a droit à une réduction de 5 p. 100 pour une personne à sa charge, de 10 p. 100 pour deux personnes, de 20 p. 100 pour trois personnes, et ainsi de suite, chaque personne au delà de la troisième donnant droit à une nouvelle réduction de 10 p. 100, sans que la réduction puisse être, au total, supérieure à la moitié de l'impôt (2).

Art. 16. (*Modifié par la loi du* 30 *décembre* 1916, *art.* 5). — Les contribuables passibles

(1) V. le texte de l'ancien art. 14, p. 63.
(2) V. le texte de l'ancien art. 15, p. 63.

de l'impôt sont tenus de souscrire une déclaration de leur revenu, avec l'indication par nature de revenu des éléments qui le composent.

Ils fournissent, dans leur déclaration, toutes indications nécessaires au sujet de leurs charges de famille.

Ils doivent, en outre, pour avoit droit au bénéfice des déductions prévues à l'art. 10, indiquer dans leur déclaration le chiffre et la nature des dettes et pertes qu'ils ont déduites de leur revenu global en vertu de l'art. 10.

Les déclarations sont rédigées sur ou d'après des formules dont la teneur sera fixée par un règlement d'administration publique.

Elles sont reçues dans les deux premiers mois de chaque année (1).

Le contribuable qui ne renouvelle pas sa déclaration est considéré comme ayant maintenu sa déclaration précédente.

Les déclarations dûment signées sont remises ou adressées au contrôleur des contributions directes, qui en délivre récépissé (2).

Art. 17. (*Modifié par la loi du* 30 *décembre* 1916, *art.* 5). — Le contrôleur vérifie les déclarations. Il peut demander au contribuable des éclaircissements.

Il a le droit de rectifier les déclarations ; mais, dans ce cas, il adresse au contribuable, avant d'établir la matrice du rôle, l'indication des éléments qui serviront de base à son imposition, l'invite à se faire entendre ou à faire parvenir son acceptation ou ses observations et à fournir, s'il y a lieu, les justifications utiles au sujet des déductions qu'il demande par application des art. 10, 12 et 15. Si le désac-

---

(1) V. Décret du 17 janvier 1917, p. 34.
(2) V. le texte de l'ancien art. 16, p. 64.

cord persiste, le contribuable conserve le droit de réclamer par la voie contentieuse, après la publication du rôle.

Lorsqu'une insuffisance du revenu déclaré aura été constatée par l'administration après l'établissement du rôle, la cotisation correspondant à cette insuffisance pourra être réclamée au contribuable soit dans l'année même, soit au cours des cinq années suivantes.

Si une réclamation est introduite, le tribunal saisi du litige apprécie les motifs invoqués par l'administration et par le contribuable et fixe la base d'imposition, la charge de la preuve incombant à l'administration (1).

Art. 18. (*Modifié par la loi du* 30 *décembre* 1916, *art.* 5). — Le montant de l'impôt sera majoré de 10 p. 100 pour le contribuable qui n'aura pas souscrit de déclaration dans le délai prévu par l'art. 16.

Dans le cas où le contribuable n'a déclaré qu'un revenu insuffisant, il est tenu de verser, en sus des droits afférents au montant réel de son revenu imposable, une somme égale à la partie de ces droits correspondant au revenu non déclaré. Toutefois, le droit en sus n'est applicable que si l'insuffisance constatée est supérieure au dixième du revenu imposable (2).

Art. 19. (*Modifié par la loi du* 30 *décembre* 1916, *art.* 5). — Tout contribuable qui s'est abstenu de faire sa déclaration ou de répondre à la demande d'éclaircissements du contrôleur est taxé d'office.

En cas de désaccord avec le contrôleur, le contribuable taxé d'office ne peut obtenir, par la voie contentieuse, la décharge ou la

(1) V. le texte de l'ancien art. 17, p. 65.
(2) V. le texte de l'ancien art. 18, p. 66.

réduction de la cotisation qui lui a été ainsi assignée qu'en apportant toutes les justifications de nature à faire la preuve du chiffre exact de son revenu, et il supporte la totalité des frais de l'instance, y compris ceux d'expertise. Toutefois, au cas où son revenu, établi par la juridiction compétente, ne serait pas supérieur de plus de 10 p. 100 au chiffre du revenu produit par lui, ces frais incombent à l'Etat (1).

Art. 20. (*Modifié par la loi du* 30 *décembre* 1916, *art.* 15). — En cas d'absence ou d'insuffisance de déclaration ou de taxation constatée à l'ouverture d'une succession, le Trésor opérera le recouvrement des impôts non perçus, majorés comme il est dit à l'art. 18 (2).

Art. 21. — Les rôles de l'impôt général sur le revenu sont établis et le recouvrement en est poursuivi comme en matière de contributions directes.

En cas de déménagement du contribuable hors du ressort de la perception, comme en cas de vente volontaire ou forcée, l'impôt est immédiatement exigible pour la totalité de l'année courante.

Art. 22. — Les réclamations relatives à l'impôt général sur le revenu sont présentées, instruites et jugées comme en matière de contributions directes.

Toutefois, ces réclamations sont jugées et les décisions prononcées en audience non publique.

Art. 23. — Tous avis et communications échangés entre les agents de l'Administration

---

(1) V. le texte de l'ancien art. 19, p. 66.
(2) V. le texte de l'ancien art. 20, p. 67.

ou adressés par eux aux contribuables et concernant l'impôt sur le revenu doivent être transmis sous enveloppe fermée.

Les franchises postales et les taux spéciaux d'affranchissement reconnus nécessaires seront concédés ou fixés par décret (1).

Est tenue au secret professionnel, dans les termes de l'art. 378 c. pén., et passible des peines prévues audit article, toute personne appelée, à l'occasion de ses fonctions ou attributions, à intervenir dans l'établissement, la perception ou le contentieux de l'impôt.

Art. 24. — Les contribuables ne sont autorisés à se faire délivrer des extraits des rôles de l'impôt général sur le revenu, suivant les dispositions législatives ou réglementaires applicables aux contributions directes, qu'en ce qui concerne leurs propres cotisations.

Art. 25. — Un règlement d'administration publique (2) fixera les mesures d'exécution nécessaires pour l'application des dispositions des art. 5 à 24 de la présente loi. Ces articles entreront en vigueur à partir du 1er janvier 1915 (3).

---

(1) V. Décret du 28 janvier 1916, p. 20.
(2) V. Décret du 17 janvier 1917, p. 24.
(3) V. Lois du 26 déc. 1914, art. 5, et du 29 déc. 1915, art. 5, p. 17 et 18.

LOI

du 26 Décembre 1914,

Portant ouverture, sur l'exercice 1915, des crédits provisoires applicables au premier semestre de 1915.

Art. 5. — La date à laquelle entreront en vigueur les dispositions des art. 5 à 24 de la loi de finances du 15 juillet 1914, relatives à l'établissement d'un impôt général sur le revenu, est reportée au 1er janvier 1916.

LOI

du 29 décembre 1915,

Portant ouverture, sur l'exercice 1916, des crédits provisoires applicables au premier trimestre de 1916.

Art. 5. — L'art. 5 de la loi du 26 décembre 1914 est complété ainsi qu'il suit :

« Toutefois, le ministre des finances est autorisé à proroger par décret les délais impartis pour l'accomplissement des formalités prévues par les articles susvisés de la loi du 15 juillet 1914, de manière que la mise en recouvrement de l'impôt soit assurée avant le 31 décembre 1916.

« Un décret (1) fixera également les conditions dans lesquelles des délais supplémentaires, ne pouvant dépasser trois mois à dater de la fin des hostilités, seront accordés aux contribuables, mobilisés ou non, qui se trouveraient empêchés, par suite d'un cas de force majeure dûment constaté, de souscrire en temps utile la déclaration prévue par l'art. 16 de la loi du 15 juillet 1914.

« Les délais visés au paragraphe 2 de l'art. 17 de ladite loi seront applicables aux taxations d'office. »

---

(1) V. Décret du 17 janvier 1917, p. 34.

LOI

du 30 Décembre 1916,

Portant ouverture, sur l'exercice 1917, des crédits provisoires applicables au premier trimestre de 1917.

Art. 5. — Les art. 9, 14, 15, 16, 17, 18, 19 et 20 de la loi du 15 juillet 1914 sont modifiés ainsi qu'il suit :

V. le texte des articles modifiés, ci-dessus, p. 10 *et suiv.*

DÉCRET

du 28 Janvier 1916,

Instituant des franchises postales et des taux spéciaux d'affranchissement pour les avis et communications concernant l'impôt général sur le revenu.

LE PRÉSIDENT DE LA RÉPUBLIQUE FRANÇAISE ; — Vu la loi de finances du 15 juillet 1914 et notamment la disposition ci-après de l'art. 23 : « Tous avis et communications échangés entre les agents de l'Administration ou adressés par par eux aux contribuables et concernant l'impôt sur le revenu doivent être transmis sous enveloppe fermée. Les franchises postales et les taux spéciaux d'affranchissement reconnus nécessaires seront concédés ou fixés par décret » ; — Sur le rapport du ministre du commerce, de l'industrie, des postes et des télégraphes et du ministre des finances ; — Décrète :

Art. 1er. — Sont admises à circuler en franchise par la poste, sous enveloppe fermée, les correspondances de service concernant l'impôt général sur le revenu, échangées entre les fonctionnaires autorisés à correspondre en exemption de taxe.

Art. 2. — Les avertissements et avis envoyés sous enveloppe fermée aux contribuables par les percepteurs des contributions directes, au sujet de l'impôt général sur le revenu, sont admis à circuler par la poste au tarif d'un centime jusqu'à 10 grammes et, au-dessus de ce poids, au tarif ordinaire prévu pour les imprimés sous bande.

Art. 3. — Les avis et communications concernant l'impôt général sur le revenu, adressés aux contribuables par les directeurs, les inspecteurs et les contrôleurs des contributions directes, sont transmis sous enveloppes fermées, d'un modèle spécial, fournies par l'Administration des finances.

Ces envois sont passibles jusqu'à 50 grammes d'une taxe d'un centime, qui est majorée de 10 centimes pour les plis recommandés avec avis de réception.

Ces taxes sont représentées sur les enveloppes du modèle réglementaire par l'empreinte du timbre « Imprimés PP » (port payé), apposé par les soins de la recette principale des postes de la Seine. Leur montant est remboursé à l'Administration des postes par celle des contributions directes.

Art. 4. — Tous les plis envoyés en franchise ou à tarif réduit en vertu des articles précédents doivent porter extérieurement, d'une manière très apparente et du côté de la suscription, la mention « Impôt général sur le revenu » ainsi que le contreseing du fonctionnaire expéditeur (1).

Art. 5. — Le ministre du commerce, de l'industrie, des postes et des télégraphes et le ministre des finances sont chargés, etc.

---

(1) Modifié par l'art. 1er du décret du 11 août 1916 (V. p. 23).

DÉCRET

du 11 Août 1916,

Modifiant le décret du 28 janvier 1916 instituant des franchises et des taux spéciaux d'affranchissement pour les avis et communications concernant l'impôt sur le revenu, et rendant applicables les dispositions dudit décret aux envois de même nature se rapportant à la contribution extraordinaire sur les bénéfices de guerre.

LE PRÉSIDENT DE LA RÉPUBLIQUE FRANÇAISE; — Vu la loi de finances du 15 juillet 1914, et notamment la disposition ci-après de l'art. 23 : « Tous avis et communications échangés entre les agents de l'Administration ou adressés par eux aux contribuables et concernant l'impôt sur le revenu doivent être transmis sous enveloppe fermée. Les franchises postales et les taux spéciaux d'affranchissement reconnus nécessaires seront concédés ou fixés par décret » ; — Vu le décret du 28 janvier 1916 pris en exécution de la disposition législative susvisée ; — Vu la loi du 1er juill. 1916 concernant l'établissement d'une contribution extraordinaire sur les bénéfices exceptionnels ou supplémentaires réalisés pendant la guerre, et dont l'art. 18 comporte les dispositions suivantes : « Tous avis et communications échangés entre les agents de l'Administration ou adressés par eux aux contribuables et concernant la contribution extraordinaire sur les bénéfices exceptionnels ou supplémentaires réalisés pendant la guerre doivent être transmis sous enveloppe fermée. Les franchises postales et les taux spéciaux d'affranchissement reconnus nécessaires seront fixés comme en matière d'impôt général sur le revenu » ; — Sur le rapport du ministre du commerce, de l'industrie, des postes et des télégraphes et du ministre des finances ; — Décrète :

Art. 1er. — Le texte de l'art. 4 du décret du 28 janvier 1916 est remplacé par le suivant :

« Tous les plis envoyés en franchise ou à tarif réduit en vertu des articles précédents doivent porter extérieurement, d'une manière très apparente et du côté de la suscription, la mention « contributions directes », la date de la loi par application de laquelle est concédée la circulation en franchise ou à tarif réduit, ainsi que le contreseing du fonctionnaire expéditeur. »

Art. 2. — Les dispositions du décret du 28 janvier 1916, modifiées suivant les indications de l'article précédent et relatives à la circulation en franchise ou à tarif réduit des correspondances de service, avis et communications concernant l'impôt général sur le revenu, sont applicables aux envois de même nature se rapportant à la contribution extraordinaire sur les bénéfices exceptionnels ou supplémentaires réalisés pendant la guerre.

Art. 3. — Le ministre du commerce, de l'industrie, des postes et des télégraphes et le ministre des finances sont chargés, etc.

DÉCRET

du 17 Janvier 1917,

Portant règlement d'administration publique pour l'exécution des dispositions de la loi du 15 juillet 1914, complétées par l'art. 5 de la loi du 29 décembre 1915 et modifiées par l'art. 5 de la loi du 30 décembre 1916, et relatives à l'établissement d'un impôt général sur le revenu.

LE PRÉSIDENT DE LA RÉPUBLIQUE FRANÇAISE ; Sur le rapport du ministre des finances; Vu les art. 5 à 24 de la loi du 15 juillet 1914, établissant un impôt général sur le revenu, et notamment le quatrième alinéa de l'art. 16, ainsi conçu : « Les déclarations sont rédigées sur ou d'après des formules dont la teneur sera fixée par un règlement d'administration publique » ; — Vu l'art. 25 de la même loi, portant qu'un règlement d'administration publique fixera les mesures d'exécution nécessaires pour l'application des dispositions des art. 5 à 24 susvisés ; — Vu le décret du 15 janvier 1916, portant règlement d'administration publique pour l'exécution des dispositions de la loi du 15 juillet 1914 relatives à l'établissement d'un impôt général sur le revenu ; — Vu l'art. 5 de la loi du 29 décembre 1915 ; — Vu l'art. 5 de la loi du 30 décembre 1916, modifiant les art. 9, 14, 15, 16, 17, 18, 19 et 20 de la loi du 15 juillet 1914 ; — Le conseil d'Etat entendu ; — Décrète :

CHAPITRE Ier

Du revenu imposable.

Art. 1er. — En vue de la détermination, pour chaque contribuable passible de l'impôt général sur le revenu, du revenu total qui doit servir de base au calcul de sa contribution, les revenus provenant de sources diverses sont classés de la façon suivante :

Revenus des propriétés foncières bâties ;
Revenus des propriétés foncières non bâties ;
Revenus des valeurs et capitaux mobiliers ;
Bénéfices de l'exploitation agricole ;
Bénéfices du commerce, de l'industrie, de l'exploitation minière et des charges et offices ;
Revenus des professions libérales ;
Revenus des emplois publics et privés ;
Revenus de tous capitaux et de toutes occupations lucratives non dénommées ci-dessus ;
Retraites, pensions et rentes viagères.

Pour chaque catégorie de revenus, le revenu net est constitué par l'excédent du produit brut effectivement réalisé, y compris la valeur des profits et des avantages dont le contribuable a joui en nature, sur les dépenses effectuées en vue de l'acquisition et de la conservation du revenu.

Ces dépenses comprennent notamment :

En ce qui concerne les propriétés foncières, les frais de gestion, d'assurances, d'entretien et l'amortissement du capital immobilier, à l'exclusion des sommes dépensées pour l'accroissement de capital ;

En ce qui concerne les valeurs mobilières, les impôts dont la charge annuelle incombe au possesseur de ces valeurs ;

En ce qui concerne les exploitations agricoles, commerciales, industrielles et autres, le loyer ou, si l'exploitant est propriétaire, la valeur locative des fonds sur lesquels porte l'exploitation agricole, ainsi que des propriétés immobilières occupées pour les besoins de toutes les exploitations ci-dessus mentionnées ; l'intérêt des capitaux prêtés à l'entreprise lorsque la personnalité de celle-ci est distincte de celle de l'exploitant ; les traitements, salaires et rétributions diverses payés aux employés, ouvriers et auxiliaires, ainsi que la valeur des avantages et des produits qui leur sont concédés en nature ; le coût des matières premières, les frais généraux divers et les frais d'assurances ; le loyer du matériel et des installations n'ayant pas un caractère immobilier ou, si l'exploitant en est propriétaire, les frais d'entretien et l'amortissement, en tenant compte de la nature et des conditions de l'exploitation, à l'exclusion des sommes dépensées pour donner une plus-value à l'outillage et de celles affectées à l'extension de l'entreprise ou à la constitution de réserves;

En ce qui concerne les professions, emplois et toutes autres occupations lucratives, les frais de toute nature et les dépenses que nécessite spécialement l'exercice de la fonction, de la profession, de l'emploi ou de l'occupation, ainsi que les retenues supportées et les sommes versées pour la constitution de pensions ou de retraites.

Art. 2. — Le revenu net servant de base à l'impôt est formé par l'ensemble des revenus nets afférents à chacune des catégories déterminées à l'art. 1er, sous déduction, dans les conditions où la loi autorise ce retranchement, des charges qui grèvent l'ensemble du revenu et qui sont spécifiées à l'art. 10 de la loi du 15 juillet 1914.

CHAPITRE II

Des déclarations.

Art. 3. — Le contribuable passible de l'impôt indique dans sa déclaration :

A. Ses nom et prénoms ;

Le lieu de sa résidence ou, s'il a plusieurs résidences, le lieu de son principal établissement ;

La nature de ses occupations professionnelles ; s'il est chef d'entreprise, le siège de son exploitation ; s'il est employé d'une administration publique ou d'une entreprise privée, l'administration ou l'entreprise à laquelle il est attaché et la nature de son emploi.

B. Le montant de son revenu global et la répartition de ce revenu dans les diverses catégories déterminées par l'art. 1er du présent décret ;

Le revenu global est constitué par la totalisation du revenu personnel du contribuable, de celui de sa femme, de ceux enfin des autres membres de sa famille qui habitent avec lui et des personnes qu'il déclare être à sa charge.

Toutefois, le contribuable peut s'abstenir de comprendre dans le revenu global qui fait l'objet de sa déclaration, les revenus personnels des membres de sa famille visés par le second alinéa de l'art. 8 de la loi du 15 juillet 1914, lorsqu'il se trouve au cas de demander le bénéfice de cette disposition de la loi. Il doit alors dans sa déclaration réclamer ce bénéfice et désigner nommément lesdites personnes. Si cette demande est fondée, les personnes désignées jouissent des mêmes droits et sont soumises aux mêmes obligations que les autres contribuables.

C. L'état des charges que, par application de l'art. 10 de la loi, il a déduites pour fixer le revenu net, objet de sa déclaration.

Cet état précise :

Au sujet des dettes contractées et des rentes payées à titre obligatoire, le nom et le domicile du créancier, la nature ainsi que la date du titre constatant la créance et, s'il y a lieu, le nom et la résidence de l'officier public qui a dressé l'acte, ou la juridiction dont émane le jugement, enfin le chiffre des intérêts ou arrérages annuels ;

Au sujet des impôts directs ou des taxes assimilées aux contributions directes, la nature de chaque contribution, le lieu de l'imposition, l'article du rôle et le montant de la cotisation ;

Au sujet des pertes résultant d'un déficit d'exploitation, la désignation de l'entreprise déficitaire, le chiffre et les éléments constitutifs du déficit.

D. S'il est marié, la date et le lieu de son mariage ; s'il a des personnes à sa charge, les nom, prénoms, date et lieu de naissance de chacune d'elles, ainsi que les circonstances (lien de parenté, etc.) de nature à justifier que ces personnes doivent être considérées comme étant à sa charge par application de l'art. 13 de la loi.

Art. 4. — La déclaration est remise au contrôleur du lieu indiqué dans cette déclaration comme étant celui où le contribuable a sa résidence unique, ou, s'il a plusieurs résidences, son principal établissement.

Art. 5. — Le contribuable qui use de la faculté de ne pas renouveler annuellement sa déclaration doit cependant, s'il a transporté d'une commune à une autre soit sa résidence unique, soit son principal établissement, signaler ce changement, dans le délai ouvert pour faire la déclaration annuelle, au contrôleur du lieu où doit être établie sa nouvelle imposition. Faute par lui de s'être conformé à cette prescription, et à moins qu'il ne justifie de son imposition dans une autre commune, il n'est pas recevable à se prévaloir de ce que la mutation n'a pas été opérée pour réclamer la décharge de son imposition.

Art. 6. — Lorsqu'un contribuable estime qu'il n'est pas passible de l'impôt, à raison du montant de son revenu global calculé sans tenir compte, le cas échéant, des revenus des personnes de sa famille se trouvant dans les conditions prévues par le paragraphe 2 de l'art. 8 de la loi, pour lesquelles il réclame des impositions distinctes, et toutes déductions prévues par les art. 10 et 12 de ladite loi ayant, d'ailleurs, été opérées, il peut en produire l'affirmation dans les deux premiers mois de l'année en l'adressant au contrôleur du lieu où il réside.

Cette affirmation devra être accompagnée, s'il y a lieu, des indications mentionnées dans les paragraphes C et D de l'art. 3 du présent décret et de celles précisées par le paragraphe B du même article, qui sont relatives à la désignation des personnes de la famille du contribuable pour lesquelles celui-ci réclame les impositions distinctes.

Le contrôleur vérifie cette affirmation après avoir demandé, s'il y a lieu, des éclaircissements à son auteur. S'il ne la reconnaît pas exacte, il peut taxer d'office ce dernier comme tout contribuable qui n'a pas fait la déclaration de son revenu, sauf le droit pour l'assujetti de réclamer contre son imposition dans les délais légaux.

Art. 7. — Le contribuable taxé d'office, qui réclame la décharge de son imposition par le motif que son revenu imposable ne le rendrait pas passible de l'impôt général sur le revenu, doit, dans sa réclamation, donner les indications spécifiées dans le paragraphe 2 de l'article précédent, à moins qu'ayant produit antérieurement l'affirmation prévue par cet article il ne les ait fournies à l'appui de cette affirmation. Faute par lui de se conformer à cette prescription, il ne pourra prétendre au bénéfice des déductions pour les dettes ou charges au sujet desquelles il n'aura pas donné ces indications.

L'administration est tenue de prouver que le contribuable assujetti était passible de l'impôt. Pour faire la preuve à sa charge, l'administration doit établir que, dans l'année qui a précédé celle de l'imposition, l'assujetti a joui d'un revenu au moins égal au minimum imposable, après déduction des seules dettes et charges pour lesquelles des indications auront été fournies par le contribuable dans les conditions fixées par le paragraphe précédent, et auront été l'objet de justifications suffisantes.

Art. 8. — Tout contribuable qui, ayant souscrit une déclaration de son revenu au cours de l'année précédente ou de l'une des années antérieures, cesse d'être passible de l'impôt général sur le revenu, en avise, dans le délai de deux mois fixé par l'art. 16, paragraphe 5, de la loi, le contrôleur du lieu où a été établie sa dernière imposition. Sa situation est dès lors celle des contribuables visés à l'art. 6 du présent décret.

CHAPITRE III

Contrôle des déclarations et taxation d'office.

Art. 9. — Les éclaircissements que le contribuable est, le cas échéant, tenu de fournir pour permettre la vérification de la déclaration qu'il a faite en conformité de la prescription de l'art. 16, paragraphe 1er, de la loi, peuvent lui être demandés verbalement ou par écrit.

Lorsque le contribuable a refusé de répondre

à une demande verbale d'éclaircissements, ou lorsque la réponse faite à cette demande est considérée par le contrôleur comme équivalente à un refus de répondre sur tout ou partie des points à éclaircir, le contrôleur doit, avant de procéder à la taxation d'office, renouveler sa demande par écrit.

Toutes les demandes écrites doivent indiquer les points sur lesquels le contrôleur juge nécessaire d'obtenir des éclaircissements et assigner au contribuable, pour fournir sa réponse, un délai qui ne pourra être inférieur à quinze jours.

Les lettres d'avis reproduisent le texte complet de l'art. 19 de la loi et avertissent le contribuable que, faute par lui de répondre dans le délai fixé, il sera passible de la sanction prévue par le premier paragraphe dudit article, c'est-à-dire de la taxation d'office.

CHAPITRE IV

Dispositions diverses.

Art. 10. — Lorsqu'un contribuable passible de l'impôt a été inscrit à tort au rôle d'une commune dans laquelle il n'était pas imposable parce qu'il n'y avait pas sa résidence unique, ou, s'il a plusieurs résidences, son principal établissement, il peut, dans le cas où il aurait obtenu, à raison de cette erreur, la décharge de sa contribution, être inscrit à un rôle supplémentaire de la commune où il devait être imposé. Ce rôle doit être émis dans l'année qui suit la date à laquelle la décision accordant cette décharge est devenue définitive.

Art. 11. — Lorsqu'à la suite de l'ouverture de la succession d'un contribuable il a été constaté que ce contribuable a été omis à tort ou insuffisamment imposé aux rôles de l'année de son décès ou de l'une des cinq années antérieures, il sera procédé au recouvrement des impôts non perçus, majorés comme il est dit à l'art. 18 de la loi, au moyen de rôles qui peuvent être émis au cours des deux années suivant la déclaration de la succession ou, si aucune déclaration n'a été faite, le payement par les héritiers des droits de mutation après décès.

L'imposition est établie au nom de la succession et les ayants droit sont tenus solidairement d'en acquitter le montant.

Art. 12. — Les agents du service des contributions directes sont seuls appelés à formuler des avis sur les réclamations relatives à l'impôt général sur le revenu.

Art. 13. — Pour l'application de l'art. 16, avant-dernier paragraphe de la loi, seront considérés comme ayant maintenu leurs déclarations précédentes, s'ils ne les renouvellent pas dans les deux premiers mois de l'année 1917, les contribuables qui ont fait, en 1916, la déclaration de leur revenu global en appuyant cette déclaration du détail des éléments qui le composent, comme l'art. 16, paragraphe 1er, de la loi non encore modifiée leur en donnait la faculté, ou en indiquant la répartition par nature de revenus de l'ensemble de leurs ressources, comme ils ont été tenus de le faire s'ils ont souscrit leur déclaration dans le cas prévu par le dernier paragraphe dudit art. 16.

Les contribuables qui, usant du droit que leur réservait l'ancien art. 16, paragraphe 1er, alors en vigueur, de la loi du 15 juillet 1914, ont fait, en 1916, la déclaration de leur revenu global sans en indiquer les divers éléments devront souscrire une nouvelle déclaration, dans les conditions déterminées par le nouvel art.

16, paragraphe 1er, de la loi, ou, s'ils entendent maintenir leur précédente déclaration, la compléter pour la rendre conforme aux prescriptions de cette disposition législative, en indiquant, par nature de revenus, les éléments qui composent le revenu global par eux déclaré.

Art. 14. — Le décret du 15 janvier 1916 est abrogé (1).

Art. 15. — Le ministre des finances est chargé, etc.

---

(1) V. le texte de ce décret, p. 68.

DÉCRET

du 17 Janvier 1917,

Fixant les délais supplémentaires accordés aux contribuables empêchés par suite d'un cas de force majeure de souscrire en temps utile la déclaration pour l'impôt général sur le revenu.

LE PRÉSIDENT DE LA RÉPUBLIQUE FRANÇAISE ; — Sur le rapport du ministre des finances ; — Vu les art. 5 à 24 de la loi du 15 juillet 1914, portant fixation du budget général des dépenses et des recettes de l'exercice 1914, modifiés par l'art. 5 de la loi du 30 déc. 1916, portant ouverture sur l'exercice 1917 des crédits provisoires applicables au premier trimestre de 1917 ; — Vu l'art. 5 de la loi du 26 déc. 1914, portant ouverture de crédits provisoires sur l'exercice 1915 ; — Vu l'art. 5 de la loi du 29 déc. 1915, portant ouverture de crédits provisoires sur l'exercice 1916 ; — Vu le décret du 15 févr. 1916, fixant les délais supplémentaires accordés aux contribuables empêchés, par suite d'un cas de force majeure, de souscrire en temps utile la déclaration pour l'impôt général sur le revenu ; — Décrète :

Art. 1er. — Les contribuables qui, par suite de force majeure, seront empêchés de souscrire, pour 1917, dans le délai légal la déclaration prévue par le premier alinéa de l'art. 16 de la loi du 15 juillet 1914. modifié par l'art. 5 de la loi du 30 décembre 1916, disposeront, pour produire cette déclaration, d'un délai supplémentaire prenant fin au plus tard trois mois après la date de la cessation des hostilités, telle que cette date sera fixée en exécution de l'art. 2 du décret du 10 août 1914.

Art. 2. — Tout contribuable, mobilisé dans la zone des armées, ou dont la résidence est située dans une localité envahie ou comprise dans la zone des opérations militaires, sera présumé se trouver dans le cas de force majeure prévu par l'article précédent.

Lorsque les circonstances particulières permettront d'établir que le cas de force majeure présumé ne peut être en fait valablement invoqué, ou lorsqu'il aura été constaté que l'empêchement a cessé d'exister, le directeur des contributions directes notifiera à l'intéressé, par lettre recommandée avec avis de réception, qu'il doit faire la déclaration dans un délai de deux mois, lequel courra à partir de la réception de l'avis.

Si le contribuable ne produit pas de déclaration et s'il est taxé d'office, il conservera le droit de réclamer par voie contentieuse contre cette taxation et de justifier qu'à la date de l'avis qui lui a été adressé, il se trouvait réellement dans le cas de force majeure prévu par la loi. Si sa réclamation est reconnue fondée, il obtiendra l'annulation de son imposition et se retrouvera placé dans la situation du contribuable pour qui le délai de déclaration n'est pas expiré, à moins que le terme extrême fixé par l'article précédent ne soit déjà dépassé, auquel cas il disposera pour faire sa déclaration d'un délai de deux mois à partir du jour où lui aura été notifiée la décision intervenue.

Art. 3. — Quand un contribuable, n'étant

pas en situation de se prévaloir de la présomption stipulée à l'article précédent, se croira en droit de prétendre qu'il est empêché par suite de force majeure de souscrire sa déclaration dans le délai fixé pour 1917, il devra, s'il veut obtenir le bénéfice de délais supplémentaires, en informer le directeur des contributions directes, quinze jours au plus tard avant l'expiration du délai légal, en précisant la nature de l'empêchement qu'il entend invoquer ; le délai de déclaration sera suspendu en ce qui le concerne, moyennant l'accomplissement de cette formalité.

Si le directeur estime que le cas de force majeure est allégué à tort, il en avertira, par lettre recommandée avec avis de réception, le contribuable, qui pourra faire sa déclaration dans les quinze jours suivant la réception de cet avis, au cas où le délai normal prendrait fin avant l'expiration de ladite période.

Lorsque le directeur aura constaté que l'empêchement ayant motivé la prolongation du délai de déclaration a cessé d'exister, il en préviendra l'intéressé, par lettre recommandée avec avis de réception, en lui impartissant, pour produire sa déclaration, un délai de deux mois, lequel courra à partir de la réception de l'avis.

Dans l'un et l'autre cas, les dispositions du dernier alinéa de l'art. 2 seront applicables, s'il y a désaccord entre l'administration et le contribuable.

Art. 4. — Le ministre des finances est chargé, etc.

INSTRUCTION

du 5 Avril 1916,

Du directeur général des contributions directes, relative à l'application de l'impôt général sur le revenu.

1. — La présente instruction, relative à l'impôt général sur le revenu institué par la loi de finances du 15 juill. 1914, a pour but d'exposer l'objet et de préciser la portée des dispositions législatives et réglementaires (art. 6 à 13 de la loi susvisée et art. 1 et 2 du décret du 15 janv. 1916) qui ont trait aux personnes assujetties à l'impôt et aux revenus servant de base d'imposition.

Des personnes imposables. (Loi, art. 6, 8 et 9.)

2. — L'impôt général sur le revenu est dû chaque année par les personnes ayant en France *au* 1er *janvier* une *résidence* habituelle, quand leur revenu dépasse le chiffre prévu par la loi.

La condition de résidence habituelle, indispensable pour légitimer l'application de l'impôt, est remplie sans contestation possible par tous les contribuables qui ont fixé leur domicile réel en France.

Quant aux personnes domiciliées soit à l'étranger, soit dans les colonies ou protectorats, elles doivent être aussi considérées comme possédant en France une résidence, lorsqu'elles y ont une habitation à leur disposition, pourvu que leur installation présente un caractère suffisant de permanence.

Ainsi le propriétaire ou l'usufruitier d'un immeuble dont il affecte tout ou partie à son usage privé se trouve dans le cas d'être assujetti à l'impôt, même s'il n'occupe pas d'une façon effective le logement qu'il s'est réservé.

La location d'un même logement ou de plusieurs logements successifs pendant une période ininterrompue d'une durée au moins égale à une année constitue également le fait habituel de nature à justifier une imposition.

Par contre, l'impôt n'atteindra pas les personnes qui périodiquement passent en France plusieurs semaines ou même plusieurs mois sans conserver la disposition d'une habitation dans les intervalles de leurs séjours.

Celles qui n'ont en France aucune résidence, encore bien qu'y possédant des propriétés ou exploitations productives de revenus, ne seront pas davantage passibles de l'impôt.

3. — La règle suivant laquelle l'imposition est subordonnée à la possession d'une résidence habituelle en France ne comporte aucune distinction tirée de la nationalité des intéressés et les mêmes principes sont applicables aux Français et aux étrangers.

Toutefois les ambassadeurs et les agents diplomatiques étrangers, ainsi que les consuls et agents consulaires de *nationalité étrangère*, jouiront d'une exemption complète, si les pays qu'ils représentent concèdent des avantages analogues aux agents diplomatiques et consulaires français.

4. — *Collectivités.* — Seuls les individus sont susceptibles d'être assujettis à l'impôt général. Les collectivités diverses (établissements publics, établissements d'utilité publique, associations, sociétés, etc.), n'y sont pas soumises.

Lorsqu'il s'agit d'ailleurs d'associations ou

sociétés poursuivant un but lucratif, les bénéfices qui proviennent de leurs opérations sont finalement répartis entre les associés et entrent, par conséquent, dans les bases individuelles de cotisation de ces derniers, à titre d'élément du revenu personnel de chacun d'eux.

5. — Les membres d'une même famille, vivant en commun, ne sont pas, en principe, distinctement imposables. Celui d'entre eux qui est le chef de la famille est considéré comme ayant seul la disposition de l'ensemble des ressources familiales et, par suite, il est seul aussi passible de l'impôt *pour l'ensemble de ces ressources.*

La qualité de *chef de famille* n'appartient d'ailleurs pas nécessairement à celui des membres de la famille qui peut la revendiquer en droit civil, eu égard aux seuls rapports de parenté unissant les personnes qui vivent au même foyer ; elle doit être attribuée à celui qui assume en fait la direction de la communauté, et le cas se présentera fréquemment d'un contribuable qui, bien que vivant avec ses ascendants, apparaîtra sans aucun doute comme étant le chef de famille au point de vue fiscal.

L'imposition exclusive du chef de famille n'est cependant pas une règle absolue. Un contribuable a toujours le droit d'obtenir, sur sa demande expresse, que ses enfants ou tous autres membres de sa famille, exception faite pour sa femme, lorsqu'il est marié, soient traités comme des contribuables distincts s'ils tirent un revenu de leur travail ou d'une fortune propre. Il pourrait user de cette faculté même en ce qui touche des mineurs possédant des biens dont il aurait la jouissance légale.

Quant à la femme mariée, elle n'est personnellement imposable que si, étant séparée de biens, elle ne vit pas en fait avec son mari.

6. — L'impôt n'est dû que par les contribuables dont le revenu annuel, déterminé conformément aux dispositions législatives et réglementaires, et après application, s'il y a lieu, des déductions spéciales motivées par leur situation de famille, dépasse la somme de 5.000 fr. (1).

Du lieu d'imposition. (Loi, art. 7.)

7. — L'impôt général, ayant pour base le revenu global des assujettis, ne peut donner lieu qu'à une cotisation unique pour chacun d'eux (2).

Cette cotisation est établie dans la commune où réside le contribuable, quand il n'a d'habitation que dans une seule commune.

Quand, au contraire, le contribuable a plusieurs habitations dans des localites différentes, il est imposable dans la localité où il est réputé posséder son principal établissement. Pour la fixation du lieu du principal établissement, la jurisprudence relative à l'imposition de la taxe personnelle peut fournir d'utiles indications, en ce qui concerne les contribuables ayant leur domicile réel en France. Pour les autres contribuables, c'est l'habitation où ils séjournent le plus souvent qui, d'une façon générale, doit être retenue pour l'assiette de l'impôt comme etant celle où se trouve leur principal établissement.

Au surplus, le lieu d'imposition ne présente qu'une importance secondaire, en matière d'impôt général sur le revenu, étant donné qu'il n'exerce aucune influence sur la quotité de l'impôt et que celui-ci ne comporte ni addition, ni prélèvement au profit des budgets locaux.

---

(1) Aujourd'hui 3.000 fr. (V. Loi du 15 juill. 1914, art. 9, modifié par la loi du 30 décembre 1916, p. 10).

(2) La loi a prévu certaines circonstances où l'insuffisance d'une imposition portée dans un rôle peut être réparée par voie d'imposition supplémentaire comprise dans un rôle ultérieur. C'est la réunion des deux articles de rôle qui, dans ce cas, forme la cotisation régulièrement due par le contribuable intéressé (*Note de l'instr.*).

Aussi l'imposition pourra-t-elle être le plus souvent établie dans la commune indiquée par le contribuable lui-même comme étant celle de son domicile, lorsqu'il aura produit la déclaration qu'il est appelé à souscrire.

Du revenu imposable. (Loi, art. 10 ; Décret, art. 1 et 2.)

8. — Chaque contribuable est cotisé tant à raison de ses revenus propres que de ceux de sa femme, de ceux des autres membres de la famille vivant avec lui, à moins qu'il n'ait réclamé une imposition distincte (voir ci-dessus, art. 5), et de ceux enfin des personnes qu'il déclare être à sa charge.

La cotisation est calculée d'après le montant *total* du revenu *net* effectivement réalisé *dans l'année immédiatement antérieure à celle de l'imposition.*

Ayant essentiellement le caractère d'une contribution personnelle à taux gradué, l'impôt sur le revenu est établi d'après la situation générale de fortune des assujettis. Le revenu imposable de chacun d'eux embrasse donc la *totalité* de ses revenus et gains de toute sorte (fruits des capitaux et produits du travail), ainsi que de toute provenance (revenus ayant leur source à l'étranger aussi bien qu'en France) ; il comprend également la valeur des profits et avantages dont le contribuable jouit en nature, comme il est expliqué plus loin au sujet des diverses catégories de revenus.

Le revenu imposable est, par ailleurs, un revenu *net.* Si pour le déterminer il est nécessaire de tenir compte du produit de toutes les sources de revenus, gains, profits et avantages dont dispose le contribuable, il convient par contre de n'en retenir le montant que sous déduction, d'une part, des dépenses qui grèvent spécialement chacune de ces sources et, d'autre part, de celles qui résultent des charges affectant le revenu total, dans les conditions où la loi autorise ce retranchement.

On est, dès lors, conduit, pour dégager le revenu imposable, à déterminer tout d'abord le montant des *revenus nets des diverses catégories*, puis à soustraire de la somme obtenue le montant des *charges à déduire de l'ensemble des revenus*.

En effectuant enfin ces opérations, destinées à faire ressortir le revenu net et total de *l'année qui a précédé celle de l'imposition*, on ne doit faire état que des revenus *réalisés* et des dépenses *effectuées* au cours de ladite année.

Les revenus réalisés s'entendent, réserve faite pour le cas de jouissance en nature, de ceux dont le montant en espèces a été perçu par le bénéficiaire, ou du moins, s'il n'a pas été encaissé par ce dernier, a été mis cependant à sa disposition immédiate et aurait pu être touché par lui à son seul gré. Au contraire, les revenus auxquels le contribuable aurait eu un droit acquis, mais dont la perception aurait été différée par l'effet de circonstances indépendantes de la volonté de l'intéressé, ne devraient pas être considérés comme effectivement réalisés.

Les dépenses effectuées sont, de leur côté, celles dont le montant a été payé, quelle que soit l'époque à laquelle s'est produit le fait générateur de la dépense et quelle que soit aussi la date de l'exigibilité du payement.

Il est à remarquer que les contribuables ne doivent être cotisés qu'à raison des revenus qu'ils ont eux-mêmes réalisés, personnellement ou en tant que chefs de famille : d'où il suit, en particulier, que l'héritier d'une personne décédée au cours de l'année qui a précédé celle de l'imposition ne saurait être imposé pour la totalité des revenus qu'ont produits, pendant ladite année, les biens qu'il a recueillis : la part de ces revenus correspondant à la période écoulée depuis l'ouverture de la succession peut seule régulièrement être comprise dans son revenu imposable, sans que, d'ailleurs, aucune imposition puisse être établie pour le surplus au nom du défunt, qui, au 1er janvier, avait cessé d'être passible de l'impôt.

A. — *Revenus nets des diverses catégories.*

9. — Les revenus de toute nature se répartissent entre un certain nombre de catégories qui sont les suivantes :

Revenus des propriétés foncières bâties ;
Revenus des propriétés foncières non bâties ;
Revenus des valeurs et capitaux mobiliers ;
Bénéfices de l'exploitation agricole ;
Bénéfices du commerce, de l'industrie, de l'exploitation minière et des charges et offices ;
Revenus des professions libérales ;
Revenus des emplois publics et privés ;
Revenus de tous capitaux et de toutes occupations lucratives non dénommées ci-dessus ;
Retraites, pensions et rentes viagères.

Le revenu net correspondant à chacune des catégories énumérées est constitué par l'excédent du produit brut (recettes totales ou valeur intégrale des avantages réalisés) sur le montant :

1° Des dépenses effectuées en vue de l'*acquisition* du revenu, c'est-à-dire qui ont eu pour objet la production du revenu et sa réalisation effective ;

2° Des frais supportés en vue de la *conservation* du revenu, c'est-à-dire des frais destinés, le cas échéant, à préserver l'existence du capital auquel est due la production du revenu et à assurer en temps utile la reconstitution de ce capital, s'il est sujet à dépérissement.

Ce ne sont pas seulement au surplus les dépenses strictement *nécessaires* qui doivent être retranchées du produit brut, mais toutes celles qui ont été réellement faites, lorsqu'elles ont eu l'acquisition ou la conservation du revenu pour objet direct.

10. — *Revenus des propriétés foncières bâties.* — Le revenu brut des propriétés bâties (maisons d'habitation et bâtiments affectés à un usage commercial, industriel ou agricole) est formé, lorsque ces propriétés sont louées, par la somme des loyers effectivement touchés par le propriétaire.

Les recettes effectives étant seules à retenir pour la détermination du revenu brut, il ne saurait d'ailleurs être question d'ajouter au montant des sommes perçues par les propriétaires, comme on devrait le faire s'il s'agissait de rechercher la valeur locative intrinsèque des immeubles, l'évaluation des dépenses qui, incombant normalement au bailleur, auraient été mises à la charge des preneurs par clauses expresses des contrats de location.

Quand les immeubles ne sont pas destinés à la location et que le propriétaire s'en réserve l'usage (1), leur revenu brut est représenté par le prix du loyer dont ils sont susceptibles par comparaison avec les propriétés similaires de la région, louées dans des conditions normales. En pareil cas, la valeur locative d'après laquelle

(1) Le propriétaire qui concède gratuitement à un tiers l'usage d'un immeuble ou d'une partie d'immeuble, sans s'y être obligé par contrat, doit être considéré comme en ayant conservé la jouissance. Si, au contraire, il existe en pareil cas un engagement régulier de la part du propriétaire, celui-ci ne peut plus être considéré comme continuant à jouir de sa propriété ; mais l'occupation de l'immeuble à titre gratuit constitue au profit de l'occupant un avantage dont la valeur représente un supplément de revenu (*Note de l'instr.*).

est fixée la base de la contribution foncière, à moins que le cours des loyers n'ait sensiblement varié dans la localité depuis l'époque de l'évaluation, fournira une expression du revenu brut que l'Administration n'aura pas de raisons de contester.

Quant aux immeubles vacants et à ceux dont les locataires n'acquittent pas les loyers dont ils sont redevables, aucun revenu ne peut, bien entendu, leur être attribué, tant que le propriétaire n'en retire aucun produit.

Les frais à déduire du revenu brut (frais réellement payés par le propriétaire) comprennent :

Les frais de gestion, en ce qui concerne les propriétés destinées à la location (1) (rémunération du gérant, salaire du concierge, abonnements pour fourniture d'eau, gaz, électricité, frais de chauffage, dépenses de fonctionnement d'ascenseur, etc.) ;

Les frais d'entretien (frais de vidange, réparations de toute nature, nettoyage et ravalement des façades, etc.) ;

Les frais d'assurances contre les risques divers (incendie, dégâts causés par les eaux, bris des glaces, etc.) ;

Enfin l'amortissement du capital immobilier, c'est-à-dire l'annuité nécessaire pour constituer à l'expiration de la durée normale de l'immeuble un capital de valeur égale à celui que le propriétaire a consacré à la construction ou à l'acquisition de la propriété (2).

---

(1) Les dépenses de consommation d'eau, éclairage, chauffage, etc., faites par un propriétaire occupant un immeuble qui lui appartient, n'ont plus le caractère de frais de gestion, mais sont des dépenses personnelles qui ne peuvent régulièrement motiver aucune déduction (*Note de l'instr.*).

(2) Exemples : Si un propriétaire a fait construire, moyennant une dépense de 100.000 fr., un immeuble d'une durée probable de 80 ans, l'annuité qui, placée à intérêts composés au taux de 5 pour 100, lui permettra

Cette annuité dépend évidemment, pour chaque bâtiment, de sa durée probable et par conséquent de son mode de construction, de sa situation, de sa destination, de son affectation réelle et aussi, dans une très large mesure, du soin plus ou moins grand avec lequel il est entretenu. La fixation du taux d'amortissement est donc, dans chaque espèce, une question d'appréciation. Devant toutefois le plus souvent n'atteindre qu'un faible chiffre, en raison de la durée habituelle des constructions, et ne varier que dans des limites restreintes, le taux d'amortissement ne prêtera vraisemblablement qu'à de rares contestations. Si néanmoins un désaccord, s'étant produit à ce sujet entre un propriétaire et l'Administration, subsistait après échange d'explications, il appartiendrait à la juridiction contentieuse de régler le différend.

Parmi les frais d'entretien on s'abstiendra de comprendre les sommes dépensées pour donner une plus-value aux immeubles et en accroître le rendement (agrandissements, construction d'annexes, améliorations intérieures). L'amortissement de ces dépenses peut seul être déduit du revenu brut.

C'est, en principe, le montant des dépenses réellement effectuées chaque année dont il doit être tenu compte pour le calcul du revenu imposable de l'année suivante ; mais pratiquement il n'y aura pas d'inconvénient à admettre que

de constituer à l'expiration des 80 années un capital égal au prix de construction s'élève approximativement à 100 fr., soit 0,1 pour 100 (taux d'amortissement) ; dans le cas où le propriétaire aurait acquis au prix de 100.000 francs un immeuble existant depuis 20 ans et ayant encore une durée probable de 60 ans, l'annuité nécessaire pour constituer à la fin de la soixantième année un capital égal au prix d'acquisition s'élèverait, dans les mêmes conditions, à 280 fr. environ, soit 0,28 pour 100 (*Note de l'instr.*).

les intéressés fassent une estimation moyenne de ces dépenses et opèrent annuellement sur le revenu brut de leurs propriétés, pour en évaluer le revenu net, une déduction constante et forfaitaire, comparable à celle qui est adoptée pour la fixation des bases de la contribution foncière (maisons : 25 p. 100 ; usines, 40 p. 100).

Le système de la déduction forfaitaire est susceptible d'être employé pour les immeubles loués aussi bien que pour les immeubles occupés par le propriétaire. Dans ce dernier cas, en particulier, c'est en définitive le revenu net d'après lequel est établi l'impôt foncier qui pourra être également retenu pour servir de base au calcul de l'impôt général.

11. — *Revenus des propriétés foncières non bâties.* — Des principes analogues à ceux qui sont exposés ci-dessus au sujet des propriétés bâties doivent guider pour la détermination du revenu des propriétés non bâties.

Si les propriétés sont affermées, leur revenu brut est constitué par le montant des fermages perçus, y compris la valeur des redevances accessoires stipulées au profit du bailleur (1).

Le revenu net est obtenu en retranchant du produit brut le montant des dépenses qu'a payées le propriétaire (rétribution du régisseur entretien des clôtures, curage des fossés, rem-

(1) Dans le cas où la propriété affermée comprend des bâtiments (maison d'habitation, bâtiments ruraux), la part du prix de location afférente aux constructions doit être isolée et le revenu net correspondant rapporté à la catégorie des revenus de propriétés bâties, lorsque, pour satisfaire aux prescriptions de la loi en matière de déclaration, il est indispensable d'établir le détail des revenus par catégories. Mais cette ventilation serait sans intérêt s'il ne s'agissait que de déterminer le revenu global de l'intéressé, et il suffirait alors de calculer en un seul chiffre le revenu des propriétés bâties et non bâties, en retranchant du prix des fermages l'ensemble des dépenses relatives aux deux natures de propriétés (*Note de l'instr.*).

placement des arbres à fruits, etc.), et en outre l'amortissement des installations immobilières autres que les bâtiments, existant sur la propriété.

Si le propriétaire exploite lui-même ses terres, seul ou avec le concours de métayers ou colons, ou s'il s'en réserve la jouissance pour son agrément, le revenu brut de la propriété est représenté par le prix du loyer dont elle serait susceptible en cas de location (1), et l'on en déduira, pour dégager le revenu net, les dépenses payées par le propriétaire et n'ayant pas le caractère de dépenses d'exploitation (2).

Les évaluations assignées aux propriétés non bâties pour l'assiette de la contribution foncière pourront, dans les conditions indiquées en ce qui concerne les propriétés bâties, être utilisées comme élément de détermination du revenu passible de l'impôt général. On ne perdra pas de vue, d'ailleurs, qu'elles ne s'appliquent qu'aux terrains et qu'elles ont été fixées abstraction faite de la valeur des bâtiments ruraux, propriétés bâties exemptées de l'impôt foncier, mais dont la valeur locative ne doit pas être négligée dans l'estimation du revenu total des propriétés.

12. — *Revenus des valeurs et capitaux mobiliers.* — Sous cette dénomination sont compris

(1) L'évaluation du revenu des propriétés boisées, qui ne sont pas normalement susceptibles de location, échappe à la règle générale. Le revenu net de ces propriétés est constitué par le prix de la vente des coupes et autres produits, sous déduction des frais de gestion, de garde, d'entretien et de repeuplement. Les recettes sont comptées dans l'année où elles ont été réalisées et les dépenses dans celle où elles ont été payées, la déduction de ces dépenses portant, s'il est nécessaire, à défaut du produit suffisant des propriétés non bâties, sur les autres revenus du contribuable (*Note de l'instr.*).

(2) Voir plus loin les explications relatives aux bénéfices agricoles du propriétaire exploitant (*id.*).

les arrérages, intérêts, dividendes et autres produits :

Des rentes, obligations et autres effets publics émis par l'Etat français, par les colonies françaises et par les Etats étrangers ;

Des actions, parts d'intérêts, parts de fondateur, commandites, obligations et emprunts de toute nature des sociétés et collectivités françaises et étrangères ;

Des créances hypothécaires, privilégiées et chirographaires ;

Des dépôts de sommes d'argent ;

Des cautionnements en numéraire.

La valeur de ceux des revenus ci-dessus énumérés qui sont payables en monnaies étrangères est convertie en francs au cours du change.

Les revenus des valeurs mobilières proprement dites (rentes, actions, obligations, etc.) doivent être considérés comme réalisés du jour où, étant échus et payables, il n'a dépendu que de la volonté des intéressés d'en percevoir le montant en espèces.

Du revenu brut des valeurs et capitaux sont à déduire pour déterminer le revenu net :

Les impôts annuels à la charge des possesseurs (taxe sur le revenu, droit de timbre, droit de transmission) ;

Les dépenses de faible importance (frais de garde, d'encaissement, etc.) payées aux banques ou établissements de crédit.

13. — *Bénéfices de l'exploitation agricole.* — Lorsque l'exploitant d'une propriété foncière la tient en location, les bénéfices de l'exploitation sont constitués par l'excédent des recettes totales provenant de la vente des produits de la culture ou de l'élevage sur les dépenses supportées par l'exploitant, savoir :

Loyer payé au propriétaire du fonds et charges accessoires ;

Intérêts des capitaux empruntés à des tiers et engagés dans l'entreprise ;

Salaires et gages des ouvriers et employés ;

Frais généraux d'exploitation ;

Assurances diverses (incendie, grêle, mortalité du bétail, accidents du travail) ;

Amortissement du matériel agricole.

Dans le cas d'exploitation directe du fonds par le propriétaire, l'excédent des recettes totales sur les dépenses effectives de l'exploitant, parmi lesquelles le loyer cesse de figurer, ferait ressortir un produit net qui comprendrait à la fois le bénéfice agricole et la rente foncière ou rémunération du capital immobilier. Pour que la comparaison des recettes et des dépenses ne fasse apparaître que le bénéfice agricole, il convient de retrancher du produit brut de l'exploitation, à défaut de loyer véritable, la valeur locative du fonds, qui de son côté sert de base, comme on l'a vu précédemment, à l'évaluation du revenu de la propriété foncière ; il faut avoir soin, d'ailleurs, de ne pas confondre les charges particulières de la propriété, qui sont à déduire de la valeur locative pour obtenir le revenu net correspondant, avec les dépenses d'exploitation, seules à considérer pour le calcul du bénéfice agricole (1).

Enfin, si la propriété est exploitée à portion de fruits, la part des bénéfices agricoles revenant au métayer ou colon partiaire et celle qui échoit au propriétaire en sus de la rente foncière résultent du décompte, distinctement

---

(1) La distinction du bénéfice agricole et de la rente foncière n'a d'intérêt que si le contribuable se trouve obligé de présenter le détail de ses revenus par catégories. En pareille circonstance, on pourrait d'ailleurs, pratiquement, après avoir établi le produit net total du fonds, le répartir simplement, par voie d'appréciation, entre les deux catégories de revenus (*Note de l'instr.*).

effectué, de leurs recettes et de leurs dépenses respectives.

14. — *Bénéfices du commerce, de l'industrie, de l'exploitation minière, des charges et offices. — Revenus des professions libérales.* — Le produit brut de toute entreprise industrielle ou commerciale est formé par le montant annuel des sommes perçues par l'exploitant pour prix des ventes qu'il a effectuées ou pour payement des opérations qu'il a exécutées.

De ce produit doivent être retranchés, afin de déterminer le bénéfice imposable :

Le coût d'acquisition des marchandises vendues, ou des matières premières utilisées pour la fabrication de ces marchandises, si le contribuable est marchand ou fabricant ;

L'intérêt des capitaux empruntés à des tiers et engagés dans l'exploitation ;

Le loyer payé au propriétaire des immeubles affectés à l'entreprise ;

Les traitements, salaires, remises, gratifications et rétributions de toute sorte payés aux employés, ouvriers ou auxiliaires, en y ajoutant, le cas échéant, la valeur du logement et de la nourriture qui leur sont fournis comme supplément de rémunération ;

Les frais généraux divers ;

Les frais d'entretien et l'amortissement du matériel et des objets mobiliers appartenant à l'exploitant ;

Les frais d'assurances contre des risques divers (incendie des marchandises et du mobilier, accidents du travail, etc.).

Si l'exploitant est propriétaire des immeubles qu'il occupe pour les besoins de l'entreprise, leur valeur locative doit, au lieu du loyer, être retranchée du montant des recettes, puisqu'elle entre déjà, à titre d'évaluation du revenu brut de la propriété foncière, dans les bases de calcul du revenu total du contribuable : mais, bien entendu, la déduction de cette valeur locative exclut celle des dépenses d'entretien, d'assurance et d'amortissement de l'immeuble, laquelle se rattache à la détermination du revenu net foncier (1).

Ni les sommes affectées à la constitution de réserves, ni celles qui sont consacrées à l'extension de l'entreprise ou dépensées pour donner une plus-value à l'outillage ne peuvent être valablement déduites du revenu brut ; ces affectations et dépenses ne sont, en effet, qu'un mode d'emploi des bénéfices.

L'intérêt des capitaux engagés par l'exploitant dans sa propre entreprise, de même que la rémunération qu'il s'attribuerait pour son travail personnel, font enfin partie intégrante des bénéfices professionnels et ne sauraient en être retranchés (2).

L'époque à laquelle les commerçants et industriels arrêtent périodiquement leur comptabilité ne coïncide pas toujours avec la fin de l'année civile, et la détermination du montant exact des bénéfices de l'année qui a précédé celle de l'imposition pourra, de ce fait, présenter des difficultés sérieuses pour l'intéressé. On admettra dans ce cas que le bénéfice imposable soit approximativement évalué, soit en appliquant au chiffre d'affaires de l'année envisagée un

(1) La distinction du revenu professionnel et du revenu foncier, dans le cas dont il s'agit, appelle une remarque analogue à celle qui a été faite au sujet du bénéfice agricole et de la rente foncière (*Note de l'instr.*).

(2) On doit observer d'ailleurs que, si un contribuable s'abstenait de comprendre dans ses bénéfices professionnels l'intérêt de ses capitaux et la rémunération de son travail personnel pour les rattacher à d'autres catégories, le montant de sa cotisation ne s'en trouverait pas modifié, le même taux d'impôt étant applicable, dans le système actuel, aux revenus de toutes les catégories (*Note de l'instr.*).

pourcentage moyen de bénéfices tiré des données fournies par les dernières opérations d'inventaire, soit en isolant, s'il est possible, les bénéfices réalisés pendant la partie de la même année dont les résultats sont compris dans le dernier inventaire et en calculant proportionnellement les bénéfices de l'année entière, sauf à établir, quel que soit le procédé employé, les compensations convenables d'une année à l'au-l'autre.

Lorsque plusieurs contribuables exercent en société un commerce ou une industrie, qu'il s'agisse d'une société régulièrement constituée ou d'une société de fait, les bénéfices totaux de l'entreprise sont répartis entre les associés, pour l'assiette de l'impôt, d'après les droits respectifs de chacun d'eux, tels qu'ils résultent de l'acte constitutif de la société ou des conventions existantes.

On procédera, pour fixer le revenu imposable des charges et offices, ainsi que de toutes professions autres que les professions industrielles et commerciales, de la même façon qu'à l'égard de ces dernières. On déduira, par conséquent, du montant des encaissements annuels, outre le loyer ou la valeur locative des locaux professionnels, les frais inhérents à la charge, l'office ou la profession, tels que : appointements du personnel, frais de bureau, frais de déplacement, amortissement du mobilier ou du matériel, etc.

15. — *Revenus des emplois publics et privés.* — En ce qui concerne les revenus tirés de l'exercice de fonctions et emplois publics (magistrature, armée, administrations, etc.), le produit brut se compose de toutes les sommes reçues par chaque intéressé (traitement, solde, remises, allocations et indemnités quelconques), augmentées éven-

tuellement de la valeur locative du logement gratuitement concédé.

Le revenu net correspondant est formé par l'excédent de ce produit, diminué des retenues supportées pour le service des pensions de retraite, sur les dépenses effectives qu'impose à l'intéressé l'accomplissement de ses fonctions (loyer des locaux affectés au service, rétribution des auxiliaires, frais de bureau, de tournées ou de déplacement réellement dépensés). Aucune déduction ne peut être régulièrement opérée en raison des dépenses personnelles qui ne sont qu'une conséquence indirecte de la fonction.

De la même façon, le revenu des emplois privés se compose des appointements et de tous les avantages pécuniaires qui s'y ajoutent (remises, parts de bénéfices, gratifications, etc.), ainsi que, le cas échéant, de la valeur de tous avantages en nature (logement, chauffage, éclairage, gratuitement fournis), sous déduction des dépenses inhérentes à l'emploi et des versements effectués aux caisses publiques ou privées pour la constitution de retraites.

16. — *Revenus non dénommés dans les précédentes catégories.* — Les gains réalisés par suite de participation accidentelle à des actes de commerce et, plus généralement, provenant d'opérations qui, sans constituer l'exercice d'une véritable profession, procurent des bénéfices d'une nature analogue à celle des bénéfices professionnels ne doivent pas être omis parmi les éléments du revenu imposable.

Il en est de même des profits de toutes occupations lucratives n'ayant pas, à proprement parler, le caractère d'emplois (par exemple, les rémunérations attribuées aux membres des conseils d'administration des sociétés anonymes en vertu de dispositions statutaires).

Ces gains et profits devront entrer dans les bases de l'impôt après déduction des sommes dépensées pour les acquérir et des prélèvements qu'ils auraient subis (ainsi, la taxe perçue sur les tantièmes des administrateurs de sociétés).

17. — *Retraites, pensions et rentes viagères.* — Les pensions civiles et militaires servies par l'Etat, les pensions des départements, communes, services publics et entreprises privées, les rentes viagères constituées à titre gratuit ou à titre onéreux, à capital réservé ou aliéné, seront comptées dans le revenu imposable du bénéficiaire pour leur montant intégral. La perception de leurs arrérages, en effet, ne nécessite normalement aucune dépense spéciale et n'est l'objet d'aucune retenue ni d'aucun prélèvement.

B.— *Charges à déduire de l'ensemble des revenus.*

18. — Ayant additionné les produits nets des. différentes catégories de revenus, il reste à déduire de leur total certaines dépenses qui ne sont pas entrées dans le décompte particulier des revenus de chaque catégorie et que la loi autorise à retrancher de leur ensemble. Ces dépenses sont, d'après l'énumération limitative de la loi : les intérêts des dettes et emprunts contractés par le contribuable, les arrérages de rentes payées par lui à titre obligatoire, les impôts directs acquittés par lui, les pertes résultant d'un déficit d'exploitation dans une entreprise agricole, industrielle ou commerciale.

19. — *Intérêts des dettes et emprunts.* — Parmi les intérêts des dettes dont la déduction peut être opérée sont compris tout d'abord ceux des dettes hypothécaires. Bien que l'hypothèque soit plus spécialement une charge de l'immeuble qu'elle grève, elle doit être, d'après les dispositions légales, considérée comme affectant l'ensemble des ressources du contribuable. C'est donc du total des revenus, et non du produit brut des propriétés immobilières, que seront déduits les intérêts des emprunts hypothécaires : le règlement d'administration publique ne les mentionne pas d'ailleurs au nombre des dépenses dont le produit brut des propriétés foncières doit être diminué.

On remarquera que les intérêts des capitaux empruntés par les chefs d'exploitations agricoles, industrielles ou commerciales et *engagés dans leurs entreprises* sont, au contraire, suivant les dispositions règlementaires, pris en considération pour la détermination du bénéfice net des exploitations et que, dès lors, on ne peut, sans commettre un double emploi, les retrancher à nouveau du total des revenus des diverses catégories.

Toutes autres dettes, quelle que soit la forme sous laquelle elles ont été contractées et pourvu que leur réalité soit démontrée d'une façon certaine, sont susceptibles de motiver la déduction prévue par la loi. La juridiction contentieuse, en cas de contestation, appréciera si l'existence de la charge alléguée est suffisamment établie.

La déduction ne devra jamais, au surplus, s'étendre au remboursement du capital emprunté, car la simple restitution d'un prêt ne constitue pas une dépense. Par conséquent, lorsqu'un débiteur verse périodiquement à son créancier, en même temps que les intérêts dont il est redevable, une annuité destinée à éteindre graduellement sa dette, la part du versement représentative des intérêts est seule déductible, mais non celle qui correspond à l'amortissement de la dette.

20. — *Arrérages de rentes payées à titre obli-*

gatoire. — Le caractère obligatoire des rentes, auquel est expressément subordonnée la déduction que la loi autorise, peut résulter non seulement d'une décision judiciaire, mais de tout engagement librement consenti, à la condition que cet engagement découle d'un titre susceptible de faire preuve. Aux rentes payées à titre obligatoire sont assimilées les libéralités faites à des collectivités ou à des œuvres d'utilité publique en vertu d'engagements réguliers.

Mais toute rente servie par un contribuable, notamment à un membre de sa famille, sans engagement dont le bénéficiaire puisse se prévaloir, ne doit être considérée que comme un emploi du revenu de l'auteur de la libéralité et aucune déduction ne peut être valablement opérée de ce chef. Lorsqu'il en est ainsi, le montant de la rente n'entre pas, au point de vue de l'impôt, dans le revenu personnel du bénéficiaire.

21. — *Impôts directs.* — La loi range sans distinction tous les impôts directs parmi les charges du revenu global. Bien que frappant spécialement les revenus de certaines catégories, les impôts réels (contribution foncière, contribution des patentes) ne doivent donc pas entrer en ligne de compte pour la détermination du revenu net de ces catégories particulières ; ils ne pourront être régulièrement retranchés que de l'ensemble des revenus.

Les impôts directs dont la déduction est prévue comprennent, outre les contributions directes proprement dites, toutes les taxes assimilées à ces contributions et perçues par voie de rôles nominatifs au profit de l'Etat, des communes et des associations autorisées.

Les contribuables ne peuvent toutefois prétendre à la déduction des impôts établis à leur nom qu'autant qu'ils les ont eux-mêmes acquittés et ne sont pas admis à déduire les contributions payées pour leur compte par leurs fermiers ou locataires. Quant à ces derniers, ils sont autorisés à déduire de leurs revenus les impôts établis au nom du propriétaire, mais *légalement* à leur charge (contribution des portes et fenêtres, etc.) et dont ils ont effectivement supporté la dépense, soit en les acquittant directement, soit en les remboursant au propriétaire (1).

22. — *Pertes résultant d'un déficit d'exploitation.* — Lorsque l'exploitation d'une entreprise agricole, industrielle ou commerciale n'a donné lieu, pendant l'année qui a précédé celle de l'imposition, qu'à des recettes insuffisantes pour couvrir les dépenses, aucun bénéfice ne peut évidemment entrer, au titre de la catégorie correspondante, dans le décompte des revenus de l'exploitation. Mais celui-ci n'a pas été seulement privé du bénéfice que l'exercice de sa profession aurait pu lui procurer ; il a dû en réalité faire face à un excédent de dépenses et, s'il possède des revenus d'autres catégories, ses ressources annuelles, envisagées dans leur ensemble, se sont trouvées diminuées d'une somme égale au montant du déficit qu'il a éprouvé. Du résultat de l'addition de ces revenus de sources diverses, distinctement calculés par catégories, le contribuable est autorisé, dans ce cas, à retrancher, jusqu'à due concurrence, la

---

(1) Dans le cas où le propriétaire s'est chargé de payer l'impôt légalement à la charge du locataire, sauf remboursement par celui-ci, la déduction opérée par le locataire ne s'oppose pas à ce que le propriétaire retranche également le même impôt de ses revenus. En effet, le propriétaire devant faire état dans ses recettes de toutes les sommes versées par le locataire, y compris le remboursement de l'impôt, il a le droit de déduire de ces recettes la dépense qu'il a effectuée pour l'acquit de la cotisation dont il a été remboursé (*Note de l'instr.*).

perte que représente le déficit professionnel.

La loi ne vise expressément que les pertes occasionnées par un déficit d'exploitation dans une entreprise agricole, industrielle ou commerciale. Il convient cependant, et telle est sans aucun doute l'intention du législateur, de considérer cette disposition comme également applicable aux pertes subies dans l'exercice de toute profession non commerciale et à celles qui résulteraient, pour un propriétaire d'immeubles, de l'excédent des dépenses de réparation et d'entretien afférentes à des propriétés dont il ne se réserverait pas la jouissance sur les recettes provenant des loyers et fermages.

Du revenu imposable des personnes non domiciliées en France. (Loi, art. 11.)

23. — Les personnes qui, sans être domiciliées en France, y possèdent une résidence habituelle, sont, comme on l'a précédemment exposé, passibles de l'impôt général ; mais elles sont placées sous un régime spécial et l'impôt dont elles sont redevables n'est plus établi, comme pour les autres contribuables, d'après le montant total de leurs revenus sans distinction d'origine.

Leur revenu imposable, sous réserve de l'exception ci-après indiquée, est forfaitairement fixé à une somme égale à sept fois la valeur locative de l'habitation ou des diverses habitations dont elles disposent en France.

Si, toutefois, elles jouissent de revenus ayant leur source en France (propriétés, exploitations, professions) et atteignant un chiffre plus élevé que celui du forfait tiré de la valeur locative de leurs habitations, ce chiffre est substitué à l'évaluation forfaitaire comme base de l'impôt.

Dans la seconde hypothèse, le montant total des revenus d'origine française est déterminé conformément aux règles générales applicables respectivement à chacune des catégories de revenus et sous déduction éventuelle des charges supportées en France par le contribuable, savoir : les impôts directs, les sommes payées en France à titre d'intérêts de dettes ou arrérages de rentes obligatoires et les pertes éprouvées dans l'exploitation d'entreprises sises en territoire français.

Les dispositions dont il vient d'être question concernent tous les contribuables non domiciliés en France, abstraction faite de leur nationalité ; mais ce sont elles qui, le plus souvent, régiront la situation des contribuables étrangers, car ceux-ci, à moins qu'ils n'aient en France, de façon évidente, le siège de leurs intérêts et de leurs affaires, ou n'y résident d'une façon permanente, devront, en général, être réputés avoir conservé leur domicile réel hors de France.

Des déductions motivées par la situation de famille du contribuable. (Loi, art. 12 et 13.)

24. — Préalablement au calcul de l'impôt, le revenu net total de chaque contribuable est diminué du montant des déductions auxquelles il peut prétendre en raison de sa situation de famille.

Si le contribuable est marié, il a droit sur son revenu total à une déduction de 2.000 francs. Il va de soi que cette déduction ne peut profiter aux contribuables veufs ou divorcés, ni aux époux qui, par exception, seraient séparément passibles de l'impôt.

Le contribuable a droit également, s'il a des personnes à sa charge, à une déduction de 1.000 francs pour chacune d'elles jusqu'à la cinquième et de 1.500 francs par personne en sus de cinq.

Comme personnes à la charge du contribuable peuvent être comptées :

Ses ascendants, âgés de plus de 70 ans ou infirmes ;

Ses descendants (enfants ou petits-enfants), s'ils sont âgés de moins de 21 ans ou infirmes, et, dans les mêmes conditions, les enfants recueillis par lui, c'est-à-dire dont il a assumé l'entretien, qu'ils lui soient attachés ou non par des liens de parenté ou d'alliance.

La loi ajoute que ces personnes ne sont considérées comme étant à la charge du contribuable qu'à la condition de n'avoir pas de revenus distincts de ceux qui servent de base à l'imposition de ce dernier. Cette restriction exclut évidemment toute déduction du chef de personnes assujetties personnellement à l'impôt général, mais elle n'implique pas que les ascendants ou descendants d'un contribuable puissent seulement être comptés au nombre des personnes à sa charge, lorsqu'ils sont dépourvus de toutes ressources. Il suffit, en effet, de rappeler que tout contribuable est imposable pour les revenus des personnes de sa famille vivant avec lui, s'il ne demande pas expressément qu'elles soient traitées comme des contribuables distincts. Il en résulte que le chef de famille a droit à la déduction prévue par la loi, pour chacun de ses parents septuagénaires et de ses enfants mineurs, même s'ils ont des revenus personnels, tant que ces revenus restent confondus avec les siens pour l'établissement de l'impôt. S'il réclame au contraire, comme la loi le permet, qu'une distinction soit faite entre ses revenus propres et ceux de l'un de ses ascendants ou descendants, il renonce par-là même au bénéfice de la déduction correspondante. Il appartient en définitive à l'intéressé d'opter entre les deux alternatives, selon que l'une ou l'autre conduit à la plus forte atténuation d'impôt.

Il n'est d'ailleurs pas indispensable que les parents ou enfants d'un contribuable habitent avec lui pour qu'ils puissent être considérés comme à sa charge et, pourvu que leurs revenus personnels, s'ils en possèdent, soient compris dans le revenu total servant de base à l'imposition du contribuable, celui-ci peut régulièrement à leur sujet bénéficier de la déduction prévue par la loi.

En tout état de cause, plusieurs contribuables ne sauraient être simultanément considérés comme ayant une même personne à leur charge et la déduction ne peut profiter qu'à celui à qui la charge incombe effectivement ou qui en supporte du moins la part principale.

En stipulant enfin que l'impôt est établi au 1er janvier de chaque année, la loi donne à entendre que les faits existants à cette date sont ceux dont il doit être tenu compte pour l'assiette de l'impôt quand il n'est pas autrement disposé d'une façon expresse. C'est, par conséquent, d'après la situation de famille des intéressés au 1er janvier de l'année de l'imposition que doit être réglée l'application des déductions en faveur des contribuables mariés ou ayant des personnes à leur charge.

Paris, le 5 avril 1916.

Le directeur général des contributions directes,

BAUDOUIN-BUGNET.

LOI

du 15 Juillet 1914,

Portant fixation du budget général des dépenses et des recettes de l'exercice 1914.

[Articles modifiés par la loi du 30 décembre 1916. V. le texte des nouveaux articles, p. 10 et suiv.]

Art. 9. — *Sont affranchis de l'impôt :*

1° *Les personnes dont le revenu imposable n'excède pas la somme de* 5.000 *francs, majorée, s'il y a lieu, conformément à l'art.* 12 *ci-après ;*

2° *Les ambassadeurs et autres agents diplomatiques étrangers, ainsi que les consuls et agents consulaires de nationalité étrangère, mais seulement dans la mesure où les pays qu'ils représentent concèdent des avantages analogues aux agents diplomatiques et consulaires français.*

Art. 14. — *Chaque contribuable est taxé seulement sur la portion de son revenu qui, après application des dispositions de l'art.* 12, *dépasse la somme de* 5.000 *francs.*

Art. 15. — *L'impôt est calculé en comptant pour un cinquième la fraction du revenu imposable comprise entre* 5.000 *et* 10.000 *francs ; pour deux cinquièmes la fraction comprise entre* 10.000 *et* 15.000 *francs ; pour trois cinquièmes la fraction comprise entre* 15.000 *et* 20.000 *francs ; pour quatre cinquièmes la fraction comprise entre*

(Texte abrogé)

20.000 *et* 25.000 *francs ; pour l'intégralité, le surplus du revenu, et en appliquant au chiffre ainsi obtenu le taux de* 2 *p.* 100.

Sur l'impôt ainsi calculé, chaque contribuable a droit à une réduction de 5 *p.* 100 *pour une personne à sa charge, de* 10 *p.* 100 *pour deux personnes, de* 20 *p.* 100 *pour trois personnes et ainsi de suite, chaque personne au delà de la troisième donnant droit à une nouvelle réduction de* 10 *p.* 100 *sans que la réduction puisse être, au total, supérieure à la moitié de l'impôt.*

Art. 16. — *Les contribuables passibles de l'impôt souscrivent une déclaration de leur revenu global, avec faculté d'appuyer cette déclaration de leur revenu du détail des éléments qui le compose.*

Ils fournissent dans leur déclaration toutes indications nécessaires au sujet de leurs charges de famille.

Ils doivent, en outre, pour avoir droit au bénéfice des déductions prévues à l'art. 10, *indiquer dans leur déclaration le chiffre et la nature des dettes et pertes qu'ils ont déduites de leur revenu global en vertu de l'art.* 10.

Les déclarations sont rédigées sur ou d'après des formules dont la teneur sera fixée par un règlement d'administration publique.

Elles sont reçues dans les deux premiers mois de chaque année.

Le contribuable qui ne renouvelle pas sa déclaration est considéré comme ayant maintenu sa déclaration précédente.

Les déclarations dûment signées sont remises ou adressées au contrôleur des contributions directes, qui en délivre récépissé.

Le contribuable passible de l'impôt qui n'a pas fait sa déclaration dans le délai prévu ci-

(Texte abrogé)

dessus, est prévenu qu'il peut encore la produire dans un nouveau délai d'un mois, mais à la condition d'indiquer la répartition, par nature de revenus, de l'ensemble de ses ressources. Il est informé, en même temps, du revenu d'après lequel son imposition sera établie d'office dans le cas où il ne produirait pas de déclaration satisfaisant aux conditions stipulées par le présent paragraphe.

Art. 17. — *Le contrôleur vérifie les déclarations uniquement à l'aide des éléments certains dont il dispose en vertu de ses fonctions, tels que les données servant à l'établissement des rôles des contributions directes et des taxes assimilées, ainsi que de ceux qui, recueillis par tous les services publics en vertu des lois existantes, doivent sans exception lui être communiqués. Il n'a le droit d'exiger de l'intéressé la production d'aucun acte, livre ou document quelconque. Le contrôleur peut rectifier la déclaration ; mais, dans ce cas, il adresse au contribuable, avant d'établir la matrice du rôle, l'indication des éléments qui serviront de base à son imposition, l'invite à se faire entendre ou à faire parvenir son acceptation ou ses observations et à fournir, s'il y a lieu, les justifications utiles au sujet des déductions qu'il demande par application des art.* 10, 12 *et* 15. *Si le désaccord persiste, le contribuable conserve le droit de réclamer par la voie contentieuse, après la publication du rôle.*

Lorsqu'une insuffisance du revenu déclaré aura été constatée par l'Administration après l'établissement du rôle, la cotisation correspondant à cette insuffisance pourra être réclamée au contribuable soit dans l'année même, soit au cours des cinq années suivantes.

Si une réclamation est introduite, le tribunal

(Texte abrogé)

saisi du litige apprécie les motifs invoqués par l'Administration et par le contribuable et fixe la base d'imposition, la charge de la preuve incombant à l'Administration.

Art. 18. — *Dans le cas où le contribuable n'a déclaré qu'un revenu insuffisant, il est tenu de verser, en sus des droits afférents au montant réel de son revenu imposable, une somme égale à la partie de ces droits correspondant au revenu non déclaré. Toutefois, le droit en sus n'est applicable que si l'insuffisance constatée est supérieure au dixième du revenu imposable.*

Art. 19. — *L'imposition du contribuable taxé d'office est valablement établie par l'Administration, d'après les éléments définis à l'art. 17, après qu'il a été invité à être entendu, sans que, à défaut d'éléments certains, le revenu imposable puisse dépasser :*

1° *Pour les propriétés bâties et non bâties, une somme égale au revenu net servant de base à la contribution foncière ;*

2° *Pour les bénéfices agricoles, une somme égale à la moitié de la valeur locative des terres exploitées ;*

3° *Pour toute profession assujettie à la patente, une somme égale à trente fois le principal de la patente.*

En cas de désaccord avec l'Administration, le contribuable taxé d'office ne peut obtenir, par la voie contentieuse, la décharge ou la réduction de la cotisation qui lui a été ainsi assignée qu'en apportant toutes les justifications de nature à faire la preuve du chiffre exact de son revenu, et il supporte la totalité des frais de l'instance, y compris ceux d'expertise. Toutefois, au cas où son

(Texte abrogé)

revenu, établi par la juridiction compétente, ne serait pas supérieur de plus de 10 *p.* 100 *au chiffre du revenu produit par lui, ces frais incombent à l'Etat.*

Art. 20. — *En cas d'insuffisance de déclaration ou de taxation constatée à l'ouverture d'une succession, le Trésor opérera le recouvrement des impôts non perçus.*

DÉCRET

du 15 Janvier 1916,

Portant règlement d'administration publique pour l'application des art. 5 à 25 de la loi du 15 juillet 1914 établissant un impôt général sur le revenu.

LE PRÉSIDENT DE LA RÉPUBLIQUE FRANÇAISE ; — *Sur le rapport du ministre des finances ; — Vu les art.* 5 *à* 24 *de la loi du* 15 *juillet* 1914, *établissant un impôt général sur le revenu, et notamment le* 4e *alinéa de l'art.* 16, *ainsi conçu : « Les déclarations sont rédigées sur ou d'après des formules dont la teneur sera fixée par un règlement d'administration publique » ; — Vu l'art.* 25 *de la même loi, portant qu'un règlement d'administration publique fixera les mesures d'exécution nécessaires pour l'application des dispositions des art.* 5 *à* 24 *susvisés; — Le conseil d'Etat entendu ; — Décrète :*

CHAP. Ier. — DU REVENU IMPOSABLE.

Art. 1er. — *En vue de la détermination, pour chaque contribuable passible de l'impôt général sur le revenu, du revenu total qui doit servir de base au calcul de sa contribution, les revenus provenant de sources diverses sont classés de la façon suivante :*

Revenus des propriétés foncières bâties ;

Revenus des propriétés foncières non bâties ;

(Texte abrogé)

Revenus des valeurs et capitaux mobiliers ;

Bénéfices de l'exploitation agricole ;

Bénéfices du commerce, de l'industrie, de l'exploitation minière et des charges et offices ;

Revenus des professions libérales ;

Revenus des emplois publics et privés ;

Revenus de tous capitaux et de toutes occupations lucratives non dénommées ci-dessus ;

Retraites, pensions et rentes viagères.

Pour chaque catégorie de revenus, le revenu net est constitué par l'excédent du produit brut effectivement réalisé, y compris la valeur des profits et des avantages dont le contribuable a joui en nature, sur les dépenses réellement effectuées en vue de l'acquisition et de la conservation du revenu.

Ces dépenses comprennent notamment :

En ce qui concerne les propriétés foncières, les frais de gestion, d'assurances, d'entretien et l'amortissement du capital immobilier, à l'exclusion des sommes dépensées pour l'accroissement de ce capital ;

En ce qui concerne les valeurs mobilières, les impôts dont la charge annuelle incombe au possesseur de ces valeurs ;

En ce qui concerne les exploitations agricoles, commerciales, industrielles et autres, le loyer, ou, si l'exploitant est propriétaire, la valeur locative des fonds sur lesquels porte l'exploitation agricole, ainsi que des propriétés immobilières occupées pour les besoins de toutes les exploitations ci-dessus mentionnées ; l'intérêt des capitaux prêtés à l'entreprise lorsque la personnalité de celle-ci est distincte de celle de l'exploitant ; les traitements, salaires et rétributions diverses payés aux

(Texte abrogé)

employés, ouvriers et auxiliaires, ainsi que la valeur des avantages et des produits qui leur sont concédés en nature ; le coût des matières premières, les frais généraux divers et les frais d'assurances ; le loyer du matériel et des installations n'ayant pas un caractère immobilier ou, si l'exploitant en est propriétaire, les frais d'entretien et l'amortissement, en tenant compte de la nature et des conditions de l'exploitation, à l'exclusion des sommes dépensées pour donner une plus-value à l'outillage et de celles affectées à l'extension de l'entreprise ou à la constitution de réserves ;

En ce qui concerne les professions, emplois et toutes autres occupations lucratives, les frais de toute nature et les dépenses que nécessite spécialement l'exercice de la fonction, de la profession, de l'emploi ou de l'occupation, ainsi que les retenues supportées et les sommes versées pour la constitution de pensions ou de retraites.

Art. 2. — *Le revenu net servant de base à l'impôt est formé par l'ensemble des revenus nets afférents à chacune des catégories déterminées à l'art.* 1er, *sous déduction, dans les conditions où la loi autorise ce retranchement, des charges qui grèvent l'ensemble du revenu et qui sont spécifiées à l'art.* 10 *de la loi du* 15 *juillet* 1914.

CHAP. II. — Des déclarations.

Art. 3. — *Le contribuable passible de l'impôt qui souscrit la déclaration prévue par le premier paragraphe de l'art.* 16 *de la loi du* 15 *juillet* 1914 *indique dans cette déclaration :*

A. *Ses noms et prénoms ; le lieu de sa résidence ou, s'il a plusieurs résidences, le lieu de son principal établissement ; la nature de ses occupations professionnelles ;*

(Texte abrogé)

B. Le montant de son revenu global.

Ce revenu est constitué par la totalisation du revenu net personnel du contribuable, de celui de sa femme, de ceux enfin des autres membres de sa famille qui habitent avec lui et des personnes qu'il déclare être à sa charge.

Toutefois, le contribuable peut s'abstenir de comprendre, dans le revenu global qui fait l'objet de sa déclaration, les revenus personnels des membres de sa famille visés par le second alinéa de l'art. 8 de la loi du 15 juillet 1914, lorsqu'il se trouve au cas de demander le bénéfice de cette disposition de la loi. Il doit alors, dans sa déclaration, réclamer ce bénéfice et désigner nommément lesdites personnes. Si cette demande est fondée, les personnes désignées jouissent des mêmes droits et sont soumises aux mêmes obligations que les autres contribuables.

C. L'état des charges que, par application de l'art. 10 de la loi, il a déduites pour fixer le revenu global, objet de sa déclaration.

Cet état précise :

Au sujet des dettes contractées et des rentes payées à titre obligatoire, le nom et le domicile du créancier, la nature ainsi que la date du titre constatant la créance et, s'il y a lieu, le nom et la résidence de l'officier public qui a dressé l'acte, ou la juridiction dont émane le jugement, enfin le chiffre des intérêts ou arrérages annuels ;

Au sujet des impôts directs ou des taxes assimilées aux contributions directes, la nature de chaque contribution, le lieu de l'imposition, l'article du rôle et le montant de la cotisation ;

Au sujet des pertes résultant d'un déficit d'exploitation, la désignation de l'entreprise déficitaire, le chiffre et les éléments constitutifs du déficit.

(Texte abrogé)

D. S'il est marié, la date et le lieu de son mariage ; s'il a des personnes à sa charge, les noms, prénoms, date et lieu de naissance de chacune d'elles, ainsi que les circonstances (lien de parenté, etc.) de nature à justifier que ces personnes doivent être considérées comme étant à sa charge par application de l'art. 13 *de la loi.*

En outre, si le déclarant veut faire usage de la faculté, que lui réserve le premier paragraphe de l'art. 16 *de la loi du* 15 *juillet* 1914, *d'appuyer la déclaration de son revenu global du détail des éléments qui le composent, il peut spécifier la répartition de ce revenu dans les catégories déterminées par l'art.* 1er *du présent décret. Il indique également, s'il est chef d'entreprise, le siège de son exploitation ; s'il est employé d'une administration publique ou d'une entreprise privée, l'administration ou l'entreprise à laquelle il est attaché et la nature de son emploi.*

Art. 4. — *Lorsqu'un contribuable n'a pas souscrit la déclaration de son revenu global dans les deux premiers mois de l'année, le contrôleur, en l'informant du revenu d'après lequel son imposition sera, le cas échéant, établie d'office et de la faculté qui lui est laissée de produire une déclaration détaillée dans un nouveau délai d'un mois à partir de la réception de cet avis, le prévient que si, à l'expiration de ce délai, il n'a pas fait cette déclaration, il conservera néanmoins le droit de présenter, au sujet de la taxation d'office, telles observations qu'il jugera utiles, soit par écrit, dans un délai de dix jours, soit verbalement ; il lui fixe en même temps le jour et l'heure où il pourra l'entendre.*

Art. 5. — *La lettre d'avis adressée au contribuable en conformité de l'article précédent doit* *reproduire le texte complet des art.* 16, 17, 18 *et* 19 *de la loi du* 15 *juillet* 1914.

Art. 6. — *Le contribuable qui, après réception de cette lettre d'avis, souscrit la déclaration prévue par l'art.* 16, *dernier paragraphe, de la loi susmentionnée, mentionne dans cette déclaration les indications précisées dans les paragraphes A, B, C, D de l'art.* 3 *du présent décret.*

Il doit, en outre, spécifier la répartition de l'ensemble de ses ressources dans les diverses catégories déterminées par l'art. 1er *de ce décret ; il fournit enfin toutes les autres indications précisées par le paragraphe final de l'art.* 3.

Art. 7. — *Lorsqu'un contribuable estime qu'il n'est pas passible de l'impôt à raison du montant de son revenu global calculé sans tenir compte, le cas échéant, des revenus des personnes de sa famille se trouvant dans les conditions prévues par le paragraphe* 2 *de l'art.* 8 *de la loi, pour lesquelles il réclame des impositions distinctes, et toutes déductions prévues par les art.* 10 *et* 12 *de ladite loi ayant, d'ailleurs, été opérées, il peut en produire l'affirmation soit dans les deux premiers mois de l'année, soit dans le délai d'un mois après la réception de la lettre d'avis mentionnée dans les articles précédents du présent décret.*

Cette affirmation devra être accompagnée, s'il y a lieu, des indications mentionnées dans les paragraphes C et D de l'art. 3 *du présent décret et de celles précisées par le paragraphe B du même article, qui sont relatives à la désignation des personnes de la famille du contribuable pour lesquelles celui-ci réclame les impositions distinctes.*

L'Administration peut le taxer d'office comme tout contribuable n'ayant pas souscrit la déclaration de son revenu, mais elle est tenue, en cas de

(Texte abrogé)

contestation, de prouver l'inexactitude de l'affirmation produite par ce contribuable qu'il n'est pas passible de l'impôt. Pour faire la preuve à sa charge, l'Administration doit établir que, dans l'année qui a précédé celle de l'imposition, l'assujetti a joui d'un revenu au moins égal au minimum imposable, compte non tenu des déductions et des charges pour lesquelles les justifications nécessaires n'auront pas été fournies par le contribuable.

Art. 8. — *Le contribuable qui use de la faculté de ne pas renouveler annuellement sa déclaration doit cependant, s'il a transporté d'une commune à une autre soit sa résidence unique, soit son principal établissement, signaler ce changement, dans le délai ouvert pour faire la déclaration annuelle, au contrôleur du lieu où doit être établie sa nouvelle imposition. Faute par lui de s'être conformé à cette prescription, et à moins qu'il ne justifie de son imposition dans une autre commune, il n'est pas recevable à se prévaloir de ce que la mutation n'a pas été opérée pour réclamer la décharge de son imposition.*

Art. 9. — *Tout contribuable qui, ayant souscrit une déclaration au cours de l'année précédente ou de l'une des années antérieures, entend ne pas la maintenir, doit, dans le délai de deux mois fixé par l'art. 16, § 5, de la loi, s'il ne souscrit pas une déclaration nouvelle, avertir le contrôleur qu'il retire sa précédente déclaration. Sa situation est dès lors celle d'un contribuable qui n'a pas fait la déclaration de son revenu global, prévue par l'art. 16, § 1er, de la loi.*

Art. 10. — *La déclaration est remise au contrôleur du lieu indiqué dans cette déclaration*

(Texte abrogé)

comme étant celui où le contribuable a sa résidence unique, ou, s'il a plusieurs résidences, son principal établissement.

Le bénéfice des dispositions insérées dans la loi du 15 juillet 1914 et dans le présent règlement, au profit des contribuables qui ont fait une déclaration de leur revenu, demeure acquis à ce contribuable pour l'année où il a souscrit sa déclaration et pour les années suivantes, tant qu'il ne l'aura pas retirée, quelle que soit la commune dans laquelle il aura été imposé au rôle de l'impôt général sur le revenu.

CHAP. III. — CONTROLE DES DÉCLARATIONS ET TAXATION D'OFFICE.

Art. 11. — *Pour la vérification des déclarations et l'établissement des taxations d'office, les éléments certains sur lesquels peuvent s'appuyer les contrôleurs, dans les conditions prévues aux art. 17 et 19 de la loi du 15 juillet 1914, doivent s'entendre de tout élément de preuve ayant un caractère d'authenticité certaine, et dont ils ont eu connaissance ou communication en vertu de leurs fonctions.*

CHAP. IV. — DISPOSITIONS DIVERSES.

Art. 12. — *Tout contribuable omis dans les rôles généraux de l'impôt peut être valablement inscrit, au cours de l'année de l'imposition, sur un rôle supplémentaire de la commune dans laquelle il est imposable.*

Art. 13. — *Lorsqu'un contribuable passible de l'impôt a été inscrit à tort au rôle d'une commune dans laquelle il n'était pas imposable parce qu'il n'y avait pas sa résidence unique, ou, s'il a*

(Texte abrogé)

plusieurs résidences, son principal établissement, il peut, dans le cas où il aurait obtenu, à raison de cette erreur, la décharge de sa contribution, être inscrit à un rôle supplémentaire de la commune où il devait être imposé. Ce rôle doit être émis dans l'année qui suit la date à laquelle la décision accordant cette décharge est devenue définitive.

Art. 14. — *Lorsqu'à la suite de l'ouverture de la succession d'un contribuable, il a été constaté que ce contribuable a été omis à tort ou insuffisamment imposé aux rôles de l'année de son décès ou de l'une des cinq années antérieures, les sommes dont le Trésor aura ainsi été frustré sont recouvrées au moyen de rôles qui peuvent être émis au cours des deux années suivant la déclaration de la succession ou, si aucune déclaration n'a été faite, le payement par les héritiers des droits de mutation après décès.*

L'imposition est établie au nom de la succession et les ayants droit sont tenus solidairement d'en acquitter le montant.

Art. 15. — *Les agents du service des contributions directes sont seuls appelés à formuler des avis sur les réclamations relatives à l'impôt général sur le revenu.*

Art. 16. — *Le ministre des finances est chargé, etc.*

CONTRIBUTION
SUR LES BÉNÉFICES DE GUERRE

LOI

du 1er Juillet 1916,

Concernant : 1° l'établissement d'une contribution extraordinaire sur les bénéfices exceptionnels ou supplémentaires réalisés pendant la guerre ; 2° certaines mesures fiscales relatives à la législation des patentes.

TITRE Ier. — CONTRIBUTION EXTRAORDINAIRE SUR LES BÉNÉFICES EXCEPTIONNELS OU SUPPLÉMENTAIRES RÉALISÉS PENDANT LA GUERRE.

Art. 1er. — Il est institué une contribution extraordinaire sur les bénéfices exceptionnels ou supplémentaires provenant des opérations ci-après définies, réalisés depuis le 1er août 1914 jusqu'à l'expiration du douzième mois qui suivra celui de la cessation des hostilités :

Par les personnes non patentées, exception faite des agriculteurs vendant leur récolte à l'Etat, ayant passé des marchés, soit directement, soit comme sous-traitants, pour des fournitures destinées à l'Etat ou à une administration publique, et par toutes personnes ayant accompli un acte de commerce à titre accidentel ou en dehors de leur profession en vue du même objet ;

Par les personnes patentées ou non, ayant prêté leur concours pécuniaire ou leur entremise moyennant une rémunération, redevance ou commission, pour la conclusion d'un marché avec l'État ou une administration publique ;

Par les sociétés et les personnes passibles de la contribution des patentes, dont les bénéfices ont été en excédent sur le bénéfice normal ;

Par les exploitants d'entreprises assujetties à la redevance proportionnelle prévue par l'art. 33 de la loi du 21 avril 1810.

Art. 2. — La contribution extraordinaire est établie en prenant pour base l'excédent du bénéfice net respectivement obtenu pendant la période s'étendant du 1er août 1914 au 31 décembre 1915 et pendant chacune des années suivantes sur le bénéfice normal constitué par la moyenne des produits nets réalisés au cours des trois exercices antérieurs au 1er août 1914.

Si la période pendant laquelle ont été réalisées, antérieurement au 1er août 1914, les opérations du contribuable visées à l'art. 1er ne comprend pas trois exercices, le bénéfice normal est calculé d'après la moyenne des résultats pendant cette période.

Le bénéfice normal ne peut, en aucun cas, même si le contribuable n'a réalisé d'opérations qu'à partir du 1er août 1914, être évalué à une somme inférieure ni à 5.000 francs, ni à 6 p. 100 des capitaux réellement engagés par lui et rémunérés dans ses entreprises, tels qu'ils résultent d'actes, de livres de commerce régulièrement tenus ou d'autres preuves certaines.

Pour la comparaison du bénéfice normal avec celui qui a été réalisé au cours de la période de guerre, les bénéfices à comparer sont constitués par la totalisation des produits nets des diverses entreprises exploitées en France par un même contribuable, sous déduction, s'il y a lieu, des pertes résultant d'un déficit d'exploitation dans certaines de ces entreprises.

En ce qui concerne la période du 1er août 1914 au 31 décembre 1915, la comparaison avec le bénéfice normal annuel est faite après avoir majoré celui-ci de cinq douzièmes.

Pour la comparaison du bénéfice réalisé au cours de la dernière période d'imposition avec le bénéfice normal, celui-ci sera, s'il y a lieu, majoré ou diminué d'un nombre de douzièmes égal à la différence entre le nombre de mois compris dans ladite période et un exercice annuel.

Art. 3. — Le produit net, en période de guerre, est calculé en établissant le bilan, pour chaque entreprise, suivant les règles antérieures propres à cette entreprise, notamment en déduisant, s'il y a lieu, la somme nécessaire à la réserve légale et celles qui sont habituellement réservées à l'amortissement des bâtiments et du matériel.

Sont, en outre, déduites du bénéfice supplémentaire établi comme il est dit ci-dessus, pour obtenir le bénéfice imposable, sous réserve de la revision prévue au troisième paragraphe de l'art. 15 :

1° Les sommes destinées aux amortissements supplémentaires nécessités soit par les dépréciations exceptionnelles du matériel résultant d'une prolongation de la durée journalière du travail normal, soit par le fait d'installations ou de dépenses spéciales effectuées en vue de fournitures de guerre ;

2° Les sommes correspondant à l'intérêt à 6 p. 100 des capitaux employés dans les entreprises situées en pays envahi ou sinistrées et à l'amortissement habituel de ces entreprises.

Aucune déduction ne sera opérée au profit de l'intermédiaire qui se sera contenté de rétrocéder un contrat en prélevant une remise.

Art. 4. — Tout contribuable désigné au deuxième ou au troisième paragraphe de l'art. 1er produira, dans les deux mois qui suivront le soixantième jour après la promulgation de la loi, la déclaration du bénéfice exceptionnel par lui réalisé, pendant la période s'étendant du 1er août 1914 au 31 décembre 1915, comme fournisseur ou intermédiaire, sous déduction de 5.000 francs, en indiquant à quel titre il a réalisé ce bénéfice.

La même déclaration sera faite, pour les années suivantes, dans les trois mois qui suivront le 31 décembre de chaque année.

Art. 5. — Tout patenté ou tout exploitant de mines, visé au quatrième ou cinquième paragraphe de l'art. 1er, astreint à la contribution instituée par la présente loi, produira, pour les périodes indiquées et dans les délais prévus à l'article précédent, une déclaration comportant, pour chacune de ses exploitations :

1° Le bénéfice net réalisé pendant la période à laquelle se rapporte l'imposition ;

2° Le montant du bénéfice normal ;

3° L'excédent constituant le bénéfice supplémentaire ;

4° Les sommes déduites pour la réserve légale et pour les amortissements habituels, en vertu du premier paragraphe de l'art. 3.

S'il ne veut ou ne peut fournir les éléments nécessaires à la détermination du bénéfice normal, il évaluera celui-ci à une somme égale à trente fois le principal de la patente, sans que cette somme puisse être inférieure ni à 5.000 fr., ni à 6 p. 100 des capitaux réellement engagés dans les entreprises.

Le contribuable indiquera, en outre, s'il y a lieu, dans sa déclaration, les sommes à déduire du bénéfice supplémentaire :

1° Pour les pertes d'exploitation visées au quatrième paragraphe de l'art. 2.

2° Pour les déductions autorisées par les paragraphes 2 et suivants de l'art. 3.

Lorsque le bénéfice net réalisé pendant la période à laquelle se rapporte l'imposition n'excédera pas le montant du bénéfice normal, le contribuable aura la faculté de faire une déclaration simplement négative.

Art. 6. — Les délais impartis pour les déclarations prévues à l'art. 5 pourront être prolongés, par décision du directeur général des contributions directes, sur la demande du contribuable dont le bilan annuel est habituellement établi sur une période de douze mois ne coïncidant pas avec l'année normale.

Dans le cas visé au paragraphe précédent, comme pour la période du 1er août 1914 au 31 décembre 1915, le bénéfice supplémentaire sera calculé à l'aide des deux bilans intéressant l'exercice imposable, en prenant dans chacun de ces bilans le nombre de mois compris dans l'exercice d'imposition.

En dehors des cas visés ci-dessus, un décret (1) fixera les conditions dans lesquelles les délais supplémentaires seront accordés aux contribuables, mobilisés ou non, qui se trouveraient empêchés de souscrire leur déclaration dans les délais et conditions indiqués aux art. 4 et 5.

Les déclarations sont rédigées sur ou d'après des formules déposées dans les mairies, dûment

(1) V. Décret du 3 août 1916, p. 97.

certifiées par les déclarants et adressées au directeur des contributions directes du département où se trouve située la commune du principal établissement ou du siège social des personnes ou des sociétés intéressées. Elles peuvent être produites par mandataire. Il en est délivré récépissé.

Art. 7. — Les déclarations sont soumises à l'examen d'une commission siégeant au chef-lieu de chaque département et comprenant :

Le trésorier-payeur général ;

Le directeur des contributions directes et du cadastre ;

Le directeur des contributions indirectes ;

Le directeur de l'enregistrement, des domaines et du timbre.

Dans le ressort de chaque direction des douanes, le directeur ou un agent supérieur par lui délégué fait également partie de la commission.

Celle-ci est présidée par le chef de service le plus ancien en grade.

Un agent des contributions directes désigné par le directeur remplit les fonctions de secrétaire avec voix délibérative.

Plusieurs commissions peuvent, s'il est nécessaire, être constituées dans un même département, en vertu d'un arrêté du ministre des finances, qui fixe le siège et la circonscription de chacune d'elles. Dans ce cas, les chefs de service ci-dessus visés désignent respectivement un agent supérieur de leur administration pour faire partie de la commission ou des commissions où ils ne siègent pas personnellement, et chaque commission est présidée par le fonctionnaire le plus élevé ou le plus ancien en grade.

La commission règle elle-même les jours et heures de ses séances ; elle est convoquée par son président.

Les décisions sont prises à la majorité des voix ; en cas de partage égal des voix, celle du président est prépondérante.

La présence de quatre membres au moins est nécessaire à la validité des décisions.

Art. 8. — La commission examine les déclarations ; elle peut entendre les intéressés et se faire communiquer par eux, ainsi que par les administrations de l'Etat, des départements et des communes, tous documents nécessaires pour établir les bases d'imposition.

Elle peut faire procéder, par l'un ou l'autre des services financiers, à des vérifications sur place, en présence des intéressés ou ceux-ci dûment appelés.

Si la commission n'accepte pas la déclaration, le contribuable est invité, par lettre recommandée indiquant les points contestés, à se faire entendre dans le délai d'un mois.

Le contribuable peut faire parvenir à la commission, dans le délai ci-dessus, par lettre recommandée, son acceptation ou ses observations.

Ces formalités remplies, la commission fixe les bases de la contribution. L'intéressé peut, dans le délai d'un mois à partir du jour où il a reçu notification de la décision motivée de la commission, avertir l'Administration qu'il maintient sa déclaration ; le litige est alors porté devant la commission supérieure.

Art. 9. — Le contribuable qui n'aura pas produit sa déclaration dans les délais impartis par les art. 4 et 5 de la présente loi sera, après mise en demeure suivie d'un nouveau délai d'un mois, imposé par voie de taxation d'office.

Le contribuable pourra répondre à la mise en demeure, dans le délai ci-dessus, par la déclaration négative prévue à l'art. 5, s'il ne se croit pas imposable.

La taxation sera établie par la commission :

Pour les con ribuables non patentés, à l'aide des éléments recueillis par les services publics et notamment par l'examen des marchés ;

Pour les assujettis à la redevance des mines, par la comparaison du produit net, servant de base à la redevance proportionnelle et correspondant à chacune des périodes d'imposition à laquelle s'applique la contribution, avec la moyenne du produit net correspondant aux trois exercices antérieurs au 1er août 1914 ;

Pour les sociétés soumises à la publication de leurs bilans, par la comparaison des bilans des trois exercices antérieurs au 1er août 1914 avec celui de l'exercice imposable ;

Pour les patentés et les sociétés non soumises à la publication de leurs bilans, d'après les éléments dont dispose la commission.

Elle peut faire procéder par l'un ou l'autr des services financiers à des vérifications sur place en présence des intéressés ou ceux-ci dûment appelés.

En aucun cas, le bénéfice normal ne peut être évalué à une somme inférieure à 5.000 francs, ni à trente fois le principal de la patente, ni à 6 p. 100 du capital engagé.

Art. 10. — La taxation établie sera notifiée au contribuable par l'Administration des contributions directes par lettre recommandée. La notification devra faire connaître à l'intéressé, pour chacune de ses exploitations, les chiffres arrêtés en ce qui concerne :

1° Le bénéfice fixé pour la période à laquelle se rapporte l'imposition ;

2° La déduction opérée à titre de bénéfice normal ;

3° L'excédent constituant la base de la taxation.

Le contribuable taxé d'office ne peut contester la taxation devant la commission d'appel, dans le délai imparti par l'art. 8, qu'en apportant toutes les justifications de nature à faire la preuve du chiffre exact de ses bénéfices exceptionnels ou supplémentaires.

Pour les entreprises visées au cinquième paragraphe de l'art. 1er, le bénéfice imposable est établi d'après le produit net servant de base à la redevance proportionnelle.

Art. 11. — Dans le délai d'un mois à partir du jour où elles ont reçu notification des décisions de la commission du premier degré, les personnes ou sociétés intéressées peuvent faire appel de ces décisions.

Dans le même délai, le directeur des contributions directes peut faire appel de toute décision de la commission qu'il juge contraire aux droits du Trésor.

Ces appels sont portés devant une commission supérieure, siégeant au ministère des finances et comprenant :

Un président de section du conseil d'Etat, désigné par le ministre de la justice et remplissant les fonctions de président de la commission ;

Deux conseillers d'Etat en service ordinaire, également désignés par le ministre de la justice ;

Deux conseillers maîtres à la cour des comptes désignés par le ministre des finances ;

Deux inspecteurs des finances, désignés par le ministre des finances ;

Le directeur général des contributions directes et un administrateur des contributions directes désigné par le ministre des finances ;

Six membres désignés par la réunion des présidents des chambres de commerce ou, à défaut, par le ministre du commerce et de l'industrie.

Des auditeurs au conseil d'Etat désignés par le ministre de la justice et des auditeurs à la cour des comptes désignés par le ministre des finances peuvent être adjoints à la commission en qualité de rapporteurs.

Les fonctions de secrétaire seront remplies par un ou plusieurs employés supérieurs de la direction générale des contributions directes désignés par le ministre des finances.

La commission supérieure peut se diviser en deux sections dont chacune comprendra, en outre du président de section du conseil d'Etat, un conseiller d'Etat, un conseiller maître à la cour des comptes, un inspecteur des finances, l'un des deux fonctionnaires des contributions directes désignés par le ministre des finances, trois des membres désignés par la réunion des chambres de commerce ou, à défaut, par le ministre du commerce et de l'industrie.

La commission supérieure statue sur mémoires ; ses décisions, qui doivent être motivées, sont rendues définitivement et en dernier ressort ; elles ne peuvent être attaquées que pour excès de pouvoir ou violation de la loi devant le conseil d'Etat.

Un décret (1) déterminera les conditions du fonctionnement de la commission et l'organisation des sections ci-dessus prévues.

Art. 12. — L'impôt est calculé :

Pour les bénéfices exceptionnels réalisés par les personnes désignées au deuxième ou au troisième paragraphe de l'art. 1er, en leur appliquant le taux de 50 p. 100 (2) ;

---

(1) V. Décret du 12 juillet 1916, p. 92.
(2) V. Loi du 30 décembre 1916, art. 8, p. 104.

Pour les bénéfices supplémentaires des sociétés et des personnes passibles de la contribution des patentes ou de la redevance des mines, visées au quatrième ou au cinquième paragraphe de l'art. 1er, en appliquant le taux de 50 p. 100 (1) à la portion du bénéfice excédant 5.000 francs.

Art. 13. — Lorsque la déclaration du contribuable sera reconnue insuffisante, la contribution correspondant à la fraction du bénéfice supplémentaire non déclarée sera majorée de moitié, si toutefois cette fraction est supérieure à 10 p. 100 du bénéfice total. Dans ce cas, la charge de la preuve, devant la commission instituée par l'art. 11, incombe à l'Administration.

Toutefois, la pénalité prévue au paragraphe précédent ne sera pas applicable lorsque l'erreur aura été commise de bonne foi.

Art. 14. — Les droits afférents au bénéfice imposable seront majorés de 10 p. 100 à l'égard de tout contribuable qui n'aura pas souscrit de déclaration dans les délais prévus à l'art. 4.

Art. 15. — Toute omission relevée par l'Administration des contributions directes pourra être réparée jusqu'à expiration de l'année qui suivra celle de la cessation des hostilités.

La commission instituée par l'art. 7 de la présente loi fixera les bases de l'imposition supplémentaire, suivant la procédure indiquée à l'art. 8 et sous réserve du droit d'appel prévu au même article.

Lorsque les sommes mises en réserve pour les amortissements de bâtiments, de matériel, d'outillage ou de créances irrécouvrables, seront reconnues exagérées par la commission, l'excédent sera considéré comme bénéfice supplé-

(1) V. Loi du 30 décembre 1916, art. 8, p. 104.

mentaire réalisé pendant la dernière année d'imposition.

Par contre, lorsque, sur réclamation du contribuable jointe à sa déclaration pour la dernière année d'imposition, lesdites sommes seront reconnues insuffisantes par la commission, la différence sera imputable au dernier exercice imposable.

Art. 16. — Les rôles de la contribution extraordinaire sont établis et le recouvrement en est poursuivi comme en matière de contributions directes.

Le payement des cotisations est exigible par quart, de deux mois en deux mois, à partir du premier jour du mois qui suit la publication du rôle pour l'impôt afférent à la période du 1er août 1914 au 31 décembre 1915, et de trois mois en trois mois pour les autres exercices.

Toutefois, pour toutes les sociétés ou les personnes patentées ou passibles de la redevance des mines visées aux paragraphes 4 et 5 de l'art. 1er, les deux derniers quarts de la contribution afférente à chaque exercice d'imposition ne seront exigibles que six mois après l'expiration du dernier exercice de la période pour laquelle la contribution extraordinaire est instituée. Dans ces six mois, en cas de déficit, par rapport au bénéfice normal, révélé par un des bilans de la période de guerre, le contribuable aura droit, sur la présentation de toutes ses feuilles d'imposition relatives à la contribution, à une détaxe correspondant à l'importance de ce déficit. La détaxe sera calculée en appliquant au montant de ce déficit la moyenne des taux effectifs des contributions des différents exercices.

Le montant de la détaxe sera déduit de celui des impositions restant dues sur les exercices précédents, sans qu'en aucun cas il puisse y avoir lieu à répétition au bénéfice du contribuable.

Art. 17. — Les sociétés, les personnes passibles de la contribution des patentes, ainsi que les exploitants d'entreprises assujetties à la redevance proportionnelle de l'art. 33 de la loi du 21 avril 1810, qui justifieront avoir employé avant le 1er avril 1916 en améliorations ou extensions de leur entreprise une partie ou la totalité des bénéfices exceptionnels ou supplémentaires taxés par la présente loi, pourront être autorisés à s'acquitter des impôts afférents aux bénéfices ainsi employés en trois annuités, le point de départ de ces annuités étant l'année d'émission des rôles.

Des autorisations seront accordées, après examen des justifications visées au paragraphe précédent, par la commission instituée par l'art. 7 et sauf recours devant la commission supérieure dans les conditions prévues à l'art. 11.

Pour l'exercice du privilège du Trésor et pour l'application de la prescription triennale, chacune des annuités sera considérée comme une contribution distincte afférente à l'année pendant laquelle elle est exigible.

Nonobstant les autorisations accordées, le solde des impôts restant dû sera immédiatement exigible en cas de dissolution de la société, de faillite ou de liquidation judiciaire, de cession ou de cessation de l'entreprise.

Art. 18. — Tous avis et communications échangés entre les agents de l'Administration ou adressés par eux aux contribuables et concernant la contribution extraordinaire sur les bénéfices exceptionnels ou supplémentaires réalisés pendant la guerre doivent être transmis sous enveloppe fermée.

Les franchises postales et les taux spéciaux d'affranchissement reconnus nécessaires seront fixés comme en matière d'impôt général sur le revenu (1).

Est tenue au secret professionnel dans les termes de l'art. 378 c. pén., et passible des peines prévues audit article, toute personne appelée, à l'occasion de ses fonctions ou attributions, à intervenir dans l'établissement, la perception ou le contentieux de l'impôt.

Art. 19. — Les contribuables ne sont autorisés à se faire délivrer des extraits des rôles de la contribution extraordinaire sur les bénéfices exceptionnels ou supplémentaires réalisés pendant la guerre, suivant les dispositions législatives ou réglementaires applicables aux contributions directes, qu'en ce qui concerne leurs propres cotisations.

Art. 20. — Tout contribuable qui, en employant des manœuvres frauduleuses pour se soustraire en totalité ou en partie à l'établissement de la taxe, aura, par l'emploi de l'une de ces manœuvres, dissimulé ou tenté de dissimuler ses bénéfices, sera puni d'un emprisonnement de trois mois à deux ans et d'une amende de cinq cents francs à dix mille francs (500 à 10.000 f.) ou de l'une de ces deux peines seulement.

L'art. 463 c. pén. sera applicable aux infractions prévues par la présente loi.

Art. 21. — Les dispositions de l'art. 1167 c. civ. sont applicables aux actes faits par le contribuable en fraude des droits de l'Etat depuis le 13 janvier 1916.

TITRE II. — Mesures fiscales relatives a la législation des patentes.

Art. 22. — Pour l'application des droits de patente auxquels est soumise la profession de

(1) V. Décret du 11 août 1916, p. 100.

fournisseur, il est fait état de toutes vente d'objets ou marchandises quelconques, consenties aux administrations publiques ou aux établissements publics, même si ces ventes sont effectuées sans adjudication ni marché préalable.

Les fabricants qui fournissent aux administrations publiques ou aux établissements publics dans les conditions ci-dessus indiquées des objets ou marchandises provenant de leur fabrication sont imposables au droit fixe de patente, soit d'après le tarif afférent à leurs opérations industrielles, soit d'après le tarif prévu pour la profession de fournisseur, à raison de 0 fr. 25 cent. par 100 fr. ou fraction de 100 fr. du montant annuel de leurs fournitures, suivant que l'un ou l'autre mode de taxation donne le chiffre le plus élevé. La taxe calculée d'après le montant des fournitures peut être valablement établie par voie d'imposition supplémentaire, sous déduction du droit fixe antérieurement imposé.

Art. 23. — Les droits de patente applicables à raison des fournitures faites aux administrations publiques ou aux établissements publics pendant la période comprise entre le 1er août 1914 et le jour de la cessation des hostilités pourront être valablement imposés jusque dans la deuxième année qui suivra celle de cette cessation. Ces droits seront réglés conformément à la législation existante, telle qu'elle est complétée et modifiée par l'article précédent.

Les droits de patente prévus pour la profession de fournisseur seront, dans les mêmes conditions, appliqués aux maîtres ouvriers des corps de troupe à raison des fournitures faites par eux à l'Administration militaire pendant la période susvisée.

DÉCRET

du 12 Juillet 1916,

Fixant les conditions du fonctionnement de la commission supérieure instituée pour l'établissement d'une contribution extraordinaire sur les bénéfices exceptionnels ou supplémentaires réalisés pendant la guerre.

Le Président de la République française ; — Sur le rapport du ministre des finances ; — Vu la loi du 1er juillet 1916, concernant l'établissement d'une contribution extraordinaire sur les bénéfices exceptionnels ou supplémentaires réalisés pendant la guerre ; — Vu l'art. 11 de la loi susvisée instituant, au ministère des finances, une commission supérieure devant laquelle peuvent être portés les appels des décisions des commissions du premier degré créées par ladite loi, notamment le dernier paragraphe de cet article, lequel est ainsi conçu : « Un décret déterminera les conditions du fonctionnement de la commission et l'organisation des sections ci-dessus prévues » ; — Décrète :

Art. 1er. — Les personnes ou les sociétés visées par la loi du 1er juillet 1916, qui se pourvoient contre les décisions des commissions du premier degré, doivent, dans le délai d'un mois à partir du jour où elles ont reçu notification de la décision qui les concerne, adresser à la commission supérieure une requête formulée sur timbre, conformément à l'art. 19 de la loi du 13 brumaire an 7.

Cette requête, accompagnée de la lettre de notification de la décision attaquée, contient l'exposé des faits et moyens, les nom et domicile des réclamants, leurs conclusions et l'énonciation des pièces dont ils entendent se servir et qui y sont jointes.

L'appel que le directeur des contributions directes peut former en vertu de l'art. 11, deuxième alinéa, de la loi du 1er juillet 1916 est introduit dans les formes indiquées au paragraphe précédent.

Art. 2. — Les requêtes et en général toutes les productions des parties sont déposées ou adressées soit au secrétariat de la commission supérieure au ministère des finances (direction générale des contributions directes), soit au secrétariat de la commission du premier degré qui a rendu la décision attaquée (direction départementale des contributions directes) ; il en est délivré récépissé.

Est considéré comme constituant un recours devant la commission supérieure l'avis par lequel un contribuable fait connaître, dans les conditions prévues par l'art. 8 de la loi, qu'il maintient sa déclaration.

Les requêtes reçues au secrétariat de la commission du premier degré sont transmises à la commission supérieure.

Art. 3. — Toutes les requêtes visées à l'article précédent sont inscrites sur un registre tenu au secrétariat de la commission supérieure, suivant l'ordre de leur date d'arrivée.

Art. 4. — Le président de la commission supérieure désigne le rapporteur chargé de l'examen de chaque affaire.

La requête est transmise au ministre des finances pour faire compléter, s'il y a lieu, le dossier et y faire joindre l'avis de la commission du premier degré.

Si l'appel émane du directeur des contributions directes, la partie intéressée est avisée qu'elle peut prendre connaissance du dossier de l'affaire, au secrétariat de la commission du premier degré, dans un délai de dix jours et qu'un second délai de quinze jours lui est ensuite ouvert pour produire ses observations. A l'expiration du délai de vingt-cinq jours, il peut être passé outre pour examen et décision.

Art. 5. — La commission supérieure peut ordonner tout supplément d'instruction qu'elle juge nécessaire. Il y est procédé par les soins de la commission du premier degré, à moins que la commission supérieure n'ait elle-même indiqué par quel service et dans quelles conditions le supplément d'instruction doit être effectué.

Les décisions prises à cet effet sont communiquées pour exécution au ministre des finances.

Art. 6. — Les décisions de la commission supérieure sont prises à la majorité des voix. En cas de partage, la voix du président est prépondérante.

Art. 7. — Les rapporteurs ont voix délibérative dans les affaires qu'ils ont été chargés d'examiner.

La présence de huit membres au moins ayant voix délibérative est nécessaire à la validité des décisions.

Art. 8. — Les décisions de la commission supérieure mentionnent les noms des membres ayant délibéré ; elles contiennent les nom et qualité des parties, leurs conclusions et le visa des pièces principales. Elles doivent être motivées. Elles sont signées par le président, le rapporteur et le secrétaire.

Art. 9. — Les décisions de la commission sont notifiées au contribuable intéressé, par lettre recommandée, et au secrétariat de la commission du premier degré qui en délivre au directeur des contributions directes les extraits nécessaires à l'établissement du rôle.

Art. 10. — La commission est divisée en deux sections, dans les conditions prévues par l'art. 11, douzième alinéa, de la loi.

Le président désigne les membres qui doivent siéger dans chacune des sections. Il peut, en cas de besoin, compléter une section par l'adjonction de membres appartenant à l'autre section.

Art. 11. — Le président désigne celle des sections qui doit instruire la première requête, puis l'attribution des affaires est faite à chacune des sections, sauf jonction des pourvois connexes, alternativement et dans l'ordre fixé par l'enregistrement.

Art. 12. — Le président a le droit, avant distribution, de réserver toute requête pour la soumettre à l'examen de la commission supérieure réunie en assemblée plénière.

Art. 13. — Les sections ont les mêmes pouvoirs que la commission supérieure ; le fonctionnement en a lieu dans les mêmes formes et suivant les mêmes règles ; la présence de cinq membres au moins, ayant voix délibérative, est nécessaire à la validité des décisions. Une section peut toujours décider de renvoyer une affaire à l'examen de l'assemblée plénière.

Art. 14. — Le président de la commission supérieure, en cas d'empêchement, peut être temporairement suppléé dans ses fonctions par un des membres de la commission désigné par arrêté du ministre des finances.

Art. 15. — Le ministre des finances est chargé, etc.

DÉCRET

Du 3 Août 1916,

Fixant les délais supplémentaires accordés aux contribuables empêchés de souscrire en temps utile la déclaration relative à la contribution extraordinaire sur les bénéfices exceptionnels ou supplémentaires réalisés pendant la guerre.

Le Président de la République française ; — Sur le rapport du ministre des finances ; — Vu le titre 1er de la loi du 1er juillet 1916, instituant une contribution extraordinaire sur les bénéfices exceptionnels ou supplémentaires réalisés pendant la guerre ; — Vu l'art. 6 de ladite loi, dont le troisième alinéa porte qu'un décret fixera les conditions dans lesquelles des délais supplémentaires seront accordés aux contribuables, mobilisés ou non, qui se trouveraient empêchés de souscrire leur déclaration dans les délais et conditions indiqués aux art. 4 et 5 ; — Décrète :

Art. 1er. — Les contribuables, mobilisés ou non, qui seront empêchés de souscrire, dans les délais impartis par les art. 4 et 5 de la loi du 1er juillet 1916, la déclaration prévue pour l'établissement de la contribution extraordinaire instituée par ladite loi disposeront, pour produire cette déclaration, d'un délai supplémentaire prenant fin au plus tard trois mois après la date de la cessation des hostilités, telle que cette date sera fixée en exécution de l'art. 2 du décret du 10 août 1914.

Art. 2. — Quand un contribuable se croira en droit de prétendre qu'il est empêché de souscrire sa déclaration dans le délai fixé par les art. 4 et 5 de la loi, il devra, s'il veut obtenir le bénéfice des délais supplémentaires, en informer le directeur des contributions directes, le trentième jour au plus tard avant l'expiration du délai légal, en précisant la nature de l'empêchement qu'il entend invoquer ; le délai de déclaration sera suspendu, en ce qui le concerne, moyennant l'accomplissement de cette formalité.

Si la commission du premier degré estime que le cas d'empêchement est allégué à tort, le directeur des contributions directes en avertira, par lettre recommandée avec avis de réception, le contribuable, qui pourra faire sa déclaration dans les quinze jours suivant la réception de cet avis, au cas où le délai légal prendrait fin avant l'expiration de ladite période.

Lorsque la commission aura constaté que l'empêchement ayant motivé la prolongation du délai de déclaration a cessé d'exister, le directeur des contributions directes en préviendra l'intéressé, par lettre recommandée avec avis de réception, en lui impartissant, pour produire sa déclaration, un délai de trois mois, lequel courra à partir de la réception de l'avis.

Dans l'un et l'autre cas, si le contribuable ne produit pas de déclaration et s'il est taxé d'office par la commission du premier degré, il conservera le droit de réclamer contre cette taxation devant la commission supérieure et de justifier qu'à la date de l'avis qui lui a été adressé, il se trouvait réellement dans le cas d'empêchement prévu par la loi. Si sa réclamation est reconnue fondée, il se retrouvera placé dans la situation du contribuable pour qui le délai de déclaration n'est pas expiré, à moins que le terme extrême fixé par l'art. 1er ne soit déjà dépassé, auquel cas la procédure réglée par le premier alinéa de l'art. 9 de la loi du 1er juillet 1916 lui deviendra applicable.

Art. 3. — Le ministre des finances est chargé etc.

DECRET

du 11 Août 1916,

Modifiant le décret du 28 janvier 1916, instituant des franchises et des taux spéciaux d'affranchissement pour les avis et communications concernant l'impôt sur le revenu, et rendant applicables les dispositions dudit décret aux envois de même nature se rapportant à la contribution extraordinaire sur les bénéfices de guerre.

V. plus haut, p. 22 et 23, le texte de ce décret, et notamment l'art. 2.

TAXES NOUVELLES

LOI

du 30 Décembre 1616,

Portant : 1° ouverture sur l'exercice 1917 des crédits provisoires applicables au premier trimestre de 1917 ; 2° autorisation de percevoir pendant la même période les impôts et revenus publics.

. . . .

Taxe de guerre.

Art. 6. — A partir du 1er janvier 1917 et jusqu'au 31 décembre de l'année de la cessation des hostilités, une taxe exceptionnelle de guerre sera due par tout Français appartenant à une classe mobilisable et rentrant dans l'une des catégories ci-après :

1° Exemptés ;

2° Réformés ou admis à la retraite avant le 1er août 1914 et non rappelés à l'activité ;

3° Classés dans les services auxiliaires et non affectés, à moins qu'ils n'y aient été classés à la suite de blessure de guerre ou de maladie contractée dans le service pendant la durée des hostilités ;

4° Placés en sursis d'appel, en congé ou hors cadres ;

5° Maintenus dans leur fonction ou emploi en vertu de l'art. 42 de la loi du 21 mars 1905, ou ayant reçu l'affectation prévue par l'art. 6 de la loi du 17 août 1915.

La taxe est due pour l'année entière. Toutefois, une réduction correspondant au nombre de mois pendant lesquels le contribuable aura cessé d'appartenir à l'une des catégories imposables sera accordée à tous ceux qui en feront la demande dans les formes et délais usités en matière de contributions directes et qui justifieront de leur situation à l'aide d'une pièce délivrée par l'autorité militaire.

Sont affranchis de la taxe :

1° Les personnes en état d'indigence notoire ;

2° Les pères de famille ayant quatre enfants mineurs vivants à leur charge ;

3° Les pères de famille ayant un fils mobilisé dans le service armé, disparu ou fait prisonnier au cours d'une opération militaire, tué à l'ennemi, décédé ou réformé à la suite de blessure de guerre ou de maladie contractée dans le service pendant la durée des hostilités.

La taxe se compose :

1° D'un droit fixe de 12 francs par an ;

2° D'un droit proportionnel égal à 25 p. 100 du montant de l'impôt général sur le revenu dû par le contribuable en vertu de la législation en vigueur.

Les rôles de la taxe de guerre sont établis et le recouvrement en est poursuivi comme en matière d'impôt général sur le revenu ; les omissions totales ou partielles peuvent être réparées dans les délais prévus pour l'assiette dudit impôt.

La liste des personnes soumises à la taxe en vertu de la présente disposition, ainsi que les indications relatives à leur domicile et au temps passé par elles dans l'une des situations visées aux numéros 1°, 2°, 3°, 4° et 5° du paragraphe 1er, sont fournies par les soins des ministres de la guerre et de la marine et transmises au ministre des finances, qui pourra les reviser, s'il y a lieu.

La liste des personnes affranchies de la taxe sera affichée dans chaque mairie.

Taxes assimilées (mines, chevaux et voitures, billards, cercles, gardes-chasse).

Art. 7. — Sont doublés, à partir du 1er janvier 1917, les taux en principal applicables d'après les lois en vigueur pour l'assiette des taxes dont suit l'énumération :

Redevance des mines ;

Contribution sur les voitures, chevaux, mules et mulets ;

Taxe sur les billards publics et privés ;

Taxe sur les cercles, sociétés et lieux de réunion ;

Taxe sur les gardes-chasse.

La redevance fixe des mines est portée à 5 francs par hectare de terrain compris dans l'étendue de chacune des concessions inexploitées depuis dix ans.

Les taxes que les communes sont autorisées à percevoir, par la loi du 29 déc. 1897, en remplacement des droits d'octroi sur les voitures automobiles, ne pourront, à l'avenir, dépasser 25 p. 100 de la contribution en principal établie par l'Etat sur les mêmes éléments.

Celles qu'elles sont autorisées à percevoir, par la même loi, en remplacement des droits d'octroi, sur les voitures autres que les voitures automobiles et sur les chevaux, mules et mulets, sur les billards publics et privés, ainsi que sur les cercles, sociétés et lieux de réunion, ne pourront ,à l'avenir, dépasser 50 p. 100 du principal des taxes de même nature établies pour le compte de l'Etat.

Toutefois, dans les communes où des taxes prévues aux deux paragraphes précédents sont aujourd'hui perçues, la proportion de 25 p. 100 pour les voitures automobiles et celle de 50 p.100 pour les autres voitures, les chevaux, mules et mulets, les billards, les cercles, sociétés et lieux de réunion pourront être élevées jusqu'à la limite nécessaire pour maintenir le produit obtenu en 1913.

Contribution sur les bénéfices de guerre.

Art. 8. — Le taux de l'impôt sur les bénéfices exceptionnels et supplémentaires réalisés pendant la guerre, fixé à 50 p. 100 par l'art. 12 de la loi du 1er juillet 1916, est porté à 60 p. 100 pour la fraction des bénéfices imposables supérieurs à 500.000 francs, réalisés à partir du 1er janvier 1916.

Fabriques de margarine.

Art. 9. — L'art. 8 de la loi du 16 avril 1897 est modifié ainsi qu'il suit :

« Les frais de surveillance des fabriques de margarine et d'oléo-margarine sont à la charge des fabricants.

« Ils se composent, pour chaque fabrique :

« 1° D'une somme fixe, représentant le traitement minimum des inspecteurs chargés de la surveillance ;

« 2° D'une somme proportionnelle à l'importance de la fabrication de la margarine et de l'oléo-margarine.

« Un règlement d'administration publique déterminera les mesures à prendre pour l'application de la présente disposition. »

Droit sur les ventes de bateaux.

Art. 10. — Sont soumises au droit proportionnel de 0 fr. 50 cent. pour 100 francs, avec addition de décimes, les mutations à titre onéreux de propriété ou d'usufruit, soit totales, soit partielles, de navires et bateaux de toute nature servant à la navigation maritime ou à la navigation intérieure, dont la jauge nette est supérieure à 100 tonnes.

Le droit est perçu soit sur l'acte ou le procès-verbal de vente, soit sur la déclaration faite pour obtenir la francisation ou l'immatricule au nom du nouveau possesseur.

L'art. 22 de la loi du 7 avril 1902 est abrogé en ce qu'il a de contraire à la présente disposition.

Taxe sur le revenu des valeurs mobilières et sur les lots.

Art. 11. — A partir du 1er janvier 1917, la taxe de 4 fr. pour 100 fr., établie sur le revenu des valeurs mobilières par les lois des 29 juin 1872, 21 juin 1875, 28 décembre 1880, 29 décembre 1884, 26 décembre 1890, 13 juillet 1911 et 29 mars 1914, art. 33, est fixée à 5 p. 100.

La taxe de 8 p. 100 établie par les art. 5 de la loi du 21 juin 1875 et 20 de la loi du 25 février 1901, sur les lots payés aux créanciers et aux porteurs d'obligations, effets publics et tous autres titres d'emprunt, est fixée, à partir de la même date, à 10 p. 100.

La taxe de 5 p. 100 établie par les art. 31, 34 et 42 de la loi du 29 mars 1914 sur le revenu des valeurs mobilières étrangères qui ne sont pas soumises au régime de l'abonnement, ainsi que sur les titres de rentes, emprunts et autres effets publics des gouvernements étrangers, est fixée, à partir de la même date, à 6 p. 100.

Taxe sur les tantièmes des administrateurs (Sociétés étrangères).

Art. 12. — A partir du 1er janvier 1917, les bénéfices qui, par suite de dispositions statutaires, sont distribués aux membres des conseils d'administration des sociétés, compagnies et entreprises étrangères visées au premier alinéa de l'art. 3 du décret du 6 déc. 1872 sont soumis à une taxe équivalente à celle qui est établie par l'art. 12 de la loi du 13 juill. 1911 sur les bénéfices distribués aux administrateurs des sociétés françaises. Cette taxe, dont le tarif est fixé à 5 p. 100, est perçue, en ce qui concerne les sociétés, compagnies et entreprises étrangères susdésignées, sur la quote-part des bénéfices distribués à ceux des membres de leur conseil d'administration qui sont domiciliés en France ou y résident.

Les dispositions de l'art. 1er du décret du 22 août 1912 sont applicables auxdites sociétés, compagnies et entreprises étrangères, qui acquitteront la taxe au bureau de l'enregistrement où elles doivent verser la même taxe pour leurs titres ou pour leurs biens français.

Toutefois, à défaut de payement par lesdites sociétés dans le délai prévu au même article, le recouvrement de la taxe pourra être poursuivi directement contre chacun des membres des conseils d'administration qui sont domiciliés en France ou y résident.

Taxe sur les spectacles.

Art. 13. — Il est institué sur le prix des places de théâtres, concerts, cinématographes et autres lieux de spectacle, une taxe spéciale. En ce qui concerne les places offertes à titre gracieux, le montant en est déterminé d'après le prix des mêmes places payantes.

Si à la perception de la place est jointe ou substituée obligatoirement celle du prix d'un objet ou d'une fourniture quelconques, la taxe s'appliquera également au prix de ces objets ou fournitures.

Les cartes d'abonnement seront taxées, comme les billets, en raison de leur prix. Pour les abonnements en cours au moment de la mise en application de la loi, la taxe sera due proportionnellement au nombre des représentations auxquelles donne encore droit l'abonnement.

Si dans le prix de la place est compris le droit des pauvres, la taxe ne sera pas perçue sur la fraction du prix correspondant à ce droit.

Le tarif de la taxe spéciale est établi comme suit

1° Théâtres :
0 fr. 10 cent. par place jusqu'à 1 fr. ;
0 fr. 25 cent. par place de 1 fr. 05 à 8 fr. ;
0 fr. 50 cent. par place au-dessus de 8 fr.

Dans les théâtres actuellement subventionnés par l'Etat ou par les villes, avant le 1er décembre 1916, il ne sera perçu aucune taxe sur les places dont le prix est inférieur à 5 fr. dans les premiers et à 3 fr. dans les seconds.

2° Music-halls :
0 fr. 20 cent. par place jusqu'à 1 fr. 50 ;
0 fr. 40 cent. par place de 1 fr. 55 à 4 fr. ;
0 fr. 60 cent. par place de 4 fr. 05 à 8 fr. ;
1 fr. par place au-dessus de 8 fr.

3° Cinématographes :

Il sera perçu sur les recettes brutes mensuelles des cinématographes :

Jusqu'à 25.000 fr. : 5 p. 100 ;

De 25.000 fr. à 50.000 fr. : 10 p. 100 ;

De 50.000 fr. à 100.000 fr. : 20 p. 100 ;

Au-dessus de 100.000 fr. : 25 p. 100.

La taxe ne s'applique pas aux représentations organisées au profit des œuvres de bienfaisance autorisées par arrêté du ministre de l'intérieur.

Toute infraction aux dispositions qui précèdent et au décret prévu au paragraphe suivant sera punie d'une amende de 50 fr., au moins et de 200 fr. au plus. Le contrevenant sera également condamné au payement du quintuple des droits fraudés.

Les conditions d'application de la présente disposition, notamment en ce qui concerne le mode de perception et la communication de la comptabilité des établissements soumis à la taxe seront déterminées par un décret (1) contresigné par le ministre des finances et le ministre de l'instruction publique et des beaux-arts.

Droits sur les boissons.

Art. 14. — Sont portés :

A 0 fr. 50 cent. par degré-hectolitre le droit de fabrication sur les bières.

A 1 fr. 60 par hectolitre le droit de circulation sur les cidres, poirés et hydromels.

A 3 fr. par hectolitre le droit de circulation sur les vins de consommation courante.

A 10 fr. par 100 kilogrammes le droit sur les raisins secs employés à la fabrication de vin pour la consommation familiale.

Taxe sur les eaux minérales.

Art. 15. — Les eaux minérales naturelles ou artificielles, les eaux de laboratoire, filtrées,

(1) V. Décret du 15 janvier 1917, p. 122.

stérilisées ou pasteurisées et les eaux gazéifiées, sont soumises, à l'importation ou lors de la sortie des établissements de production, à un droit intérieur de consommation dont le tarif est fixé comme suit :

EAUX dont le prix à l'établissement de production	PAR 1/2 LITRE ou fraction de 1/2 litre	PAR LITRE ou FRACTION DE LITRE pour les quantités contenues dans des récipients supérieurs au 1/2 litre
Est égal ou inférieur à 0 fr. 20 centimes par bouteille.......	0 fr. 01	0 fr. 02
Est supérieur à 0 fr. 20 centimes par bouteille..............	0 fr. 03	0 fr. 06

Les enlèvements ne pourront avoir lieu qu'en vertu de congés dont la représentation est exigible dans un rayon de 1.000 mètres autour de l'établissement producteur. Les établissements de production d'eaux artificielles, de laboratoire ou gazéifiées, sont soumis aux visites et à la surveillance de la régie dans les conditions déterminées par les art. 235 et 236 de la loi du 28 avril 1816.

Sont assimilés aux établissements de production les magasins où les eaux minérales naturelles ou artificielles sont mises en bouteilles pour être livrées à la vente ; les eaux minérales dirigées sur ces magasins sont accompagnées d'acquits-à-caution. Le compte en est tenu ; les manquants sont imposables et les excédents saisissables.

Les exploitants ou fabricants des eaux visées au présent article sont tenus de faire, dans un délai de trois jours à dater de la promulgation de la présente loi, la déclaration de leur industrie.

La même formalité devra être remplie par tout exploitant ou fabricant nouveau huit jours avant l'ouverture de son établissement.

Les eaux destinées à l'exportation circulent en franchise des droits sous le lien d'acquits-à-caution.

Les poudres, sels, comprimés et, généralement tous produits préconisés par voie d'annonces ou de prospectus, comme destinés à préparer des eaux minérales artificielles, sont soumis à un droit de 0 fr. 02 cent. par dose indiquée pour la fabrication d'un litre de ces eaux.

Taxe sur les spécialités pharmaceutiques.

Art. 16. — A partir d'une date que fixera un décret contresigné par le ministre des finances, un impôt sera établi sur les spécialités pharmaceutiques présentées comme jouissant de propriétés curatives ou préventives.

Cet impôt sera basé sur le prix de vente au détail, prix dont l'inscription sur les étiquettes en caractères apparents est obligatoire, conformément au tarif ci-annexé :

Produits dont le prix de vente n'excède pas 0 fr. 50 cent. : 0 fr. 05 cent.

Produits dont le prix de vente excède 0 fr. 50 cent. sans dépasser 10 fr. : 0 fr. 10 cent. par franc ou par fraction de franc.

Produits dont le prix de vente est supérieur à 10 fr. : 0 fr. 50 cent. par 5 fr. ou par fraction de 5 fr.

Sont considérés comme spécialités les produits auxquels le fabricant ou le vendeur attache une dénomination particulière ou dont il réclame soit la priorité d'invention, soit la propriété exclusive, ou enfin dont il préconise la supériorité par voie d'annonces, de prospectus ou d'étiquettes et desquels il ne publie pas la formule.

Sont exempts les produits que les pharmaciens préparent pour les livrer directement à leur clientèle sans publicité, avec indication des substances entrant dans leur composition, et exclusivement au détail.

Les mesures nécessaires pour assurer la franchise de l'impôt sur les produits exportés seront réglées par des arrêtés du ministre des finances.

Les boîtes, flacons ou paquets contenant les produits imposés ne peuvent circuler, être mis en vente ou vendus sans être revêtus de vignettes formant scellement et constatant le payement de l'impôt. Ces vignettes sont vendues par l'administration des contributions indirectes et apposées par les soins des fabricants avant la sortie des fabriques, et par les importateurs avant toute circulation sur le territoire ou, au plus tard, avant la sortie d'un magasin de dépôt sur lequel les produits seraient dirigés sous le lien d'un acquit-à-caution.

Dans les huit jours de la publication du décret prévu au premier paragraphe du présent article, tous commerçants ou détenteurs autres que les fabricants devront, dans la même forme, soumettre à l'impôt les produits en leur possession.

L'administration des contributions indirectes est chargée d'assurer l'application des dispositions du présent article.

Les contraventions à ces dispositions sont constatées par les agents dénommés à l'art. 5 de la loi du 28 février 1872 et à l'art. 2 de la loi du 21 juin 1873.

Droits sur les cafés, cacaos, chocolats, thés, etc.

Art. 17. — Le café, la racine de chicorée préparée et les autres succédanés du café sont soumis à un droit de consommation de 30 fr. par 100 kilogrammes.

Pour le café torréfié ou moulu, ce droit est porté à 40 fr.

Le droit de consommation est dû :

Au moment de l'importation, en ce qui concerne le café et les succédanés provenant du dehors ;

A la sortie des fabriques, en ce qui concerne les succédanés produits à l'intérieur.

Sont remises en vigueur, pour la perception du droit sur la chicorée et les autres succédanés du café, les dispositions des lois des 4 septembre 1871 et 21 juin 1873.

Les denrées et épices ci-après sont soumises à un droit intérieur de consommation dont la tarif est fixé comme suit :

Cacao en fèves et pellicules, 20 fr. les 100 kilogrammes.

Cacao broyé et beurre de cacao, 26 fr. les 100 kilogrammes.

Chocolat contenant plus de 55 p. 100 de cacao, 26 fr. les 100 kilogrammes.

Chocolat contenant 55 p. 100 au moins de cacao, 14 fr. les 100 kilogrammes.

Chocolat au lait, contenant, au plus, 10 p. 100 de cacao, 2 fr. 60 les 100 kilogrammes.

Poivre, piment et produits d'imitation contenant du poivre ou du piment, 104 fr. les 100 kilogrammes.

Amomes et cardamomes, cannelles, girofle,

cassia lignea et muscades en coques, 40 fr. les 100 kilogrammes.

Muscades sans coques et macis, 60 fr. les 100 kilogrammes.

Vanille, 80 fr. les 100 kilogrammes.

Thé, y compris les fleurs et boutons, 40 fr. les 100 kilogrammes.

Le droit de consommation est dû au moment de l'importation.

Tous commerçants ou dépositaires de produits soumis au droit devront, dans le délai de trois jours de la promulgation de la présente loi, faire au bureau de la régie des contributions indirectes la déclaration des quantités existant en leur possession.

Ces quantités seront reprises par voie d'inventaire et immédiatement soumises à la taxe intérieure. Un délai d'un mois sera accordé pour le payement.

Toutefois, les quantités qui seront utilisées pour les fabrications comportant exemption du droit de douane, telles que la caféine ou la théobromine, bénéficieront de la détaxe.

Art. 18. — Les droits établis par les art. 15, 16 et 17 de la présente loi pourront être payés au moyen d'obligations cautionnées dans les conditions fixées par les art. 2 et 3 de la loi du 15 févr. 1875.

Art. 19. — Toute contravention aux art. 15, 16 et 17 de la présente loi, ainsi qu'aux décrets et arrêtés ministériels pris pour en assurer l'exécution, de même que toute manœuvre ayant pour but ou ayant eu pour résultat de frauder ou de compromettre les impôts édictés par ces articles, seront punies, en outre de la confiscation et du quintuple des droits fraudés ou compromis, d'une amende de 50 fr., qui sera doublée si les contrevenants ou leurs complices ont déjà été constitués en contravention depuis moins de trois ans.

Droits sur les sucres.

Art. 20. — Les droits sur les sucres de toute origine sont portés aux taux ci-après fixés, décimes compris :

Sucres raffinés ou agglomérés et sucres bruts livrés directement à la consommation : 40 fr. par 100 kilogrammes, poids effectif ;

Sucres bruts destinés au raffinage : 40 fr. par 100 kilogrammes exprimés en sucre raffiné ;

Sucres candis : 42 fr. 80 par 100 kilogrammes, poids effectif ;

Mélasses de raffinerie : 2 fr. par 100 kilogrammes, poids effectif.

Glucoses : 9 fr. par 100 kilogrammes, poids effectif.

Tabacs.

Art. 21. — Le prix des tabacs ordinaires que la régie vend aux consommateurs est fixé à 15 fr. par kilogramme pour le scaferlati en petits paquets et la poudre à priser en paquets, et à 14 fr. 30 par kilogramme pour les tabacs à mâcher, ainsi que le scaferlati et la poudre à priser à vendre au détail.

Taxes postales.

Art. 22. — Dans le régime intérieur, ainsi que dans les relations franco-coloniales et intercoloniales, les taxes postales sont modifiées ainsi qu'il suit :

1° Lettres et papiers de commerce et d'affaires :

Jusqu'à 20 grammes : 0 fr. 15 cent. ;

Au-dessus de 20 grammes jusqu'à 50 grammes : 0 fr. 25 cent. ;

Au-dessus de 50 grammes jusqu'à 100 grammes : 0 fr. 30 cent. ;

Et ainsi de suite en ajoutant 0 fr. 05 cent. par 50 grammes ou fraction de 50 grammes excédant.

Par exception et jusqu'au poids de 20 grammes, la taxe des factures, relevés de comptes ou de factures, et notes d'honoraires non acquittés, expédiés sous bande, sous enveloppe ouverte ou sur carte à découvert, est fixée à 5 centimes.

Les paquets de plus de 500 grammes provenant ou à destination des militaires restent soumis au tarif fixé par l'art. 44 de la loi de finances du 8 avril 1910.

2° Cartes postales :

Cartes postales simples : 0 fr. 15 cent. ;

Cartes postales avec réponse payée : 0 fr. 30 cent. ;

Cartes, illustrées ou non, comportant au plus cinq mots de correspondance : 0 fr. 10 cent.

3° Droit proportionnel d'assurance des lettres et boîtes de valeurs déclarées :

0 fr. 20 cent. jusqu'à 500 fr. de valeur déclarée, avec augmentation de 0 fr. 10 cent. par 500 fr. ou fraction de 500 fr. excédant.

4° Droit fixe de recommandation des objets de correspondance admis au tarif réduit : 0 fr. 15 cent.

Ce droit est maintenu à 0 fr. 10 cent. pour les paquets provenant ou à destination des militaires.

5° Imprimés autres que les journaux et écrits périodiques :

Pour chaque paquet portant une adresse particulière :

Jusqu'à 50 grammes : 0 fr. 05 cent. ;

Au-delà de 50 grammes jusqu'à 100 grammes : 0 fr. 10 cent. ;

Au delà de 100 grammes jusqu'à 200 grammes : 0 fr. 15 cent. ;

Avec augmentation de 0 fr. 05 cent. par 100 grammes ou fraction de 100 grammes excédant.

Ces imprimés, quand ils sont expédiés sous bande mobile, sont admis au tarif de 3 centimes jusqu'à 30 grammes.

Les cartes de visites sur lesquelles figure une mention manuscrite composée de un mot à cinq mots quelconques supportent une surtaxe de 5 centimes.

6° Echantillons de marchandises :

Pour chaque paquet portant une adresse particulière : 0 fr. 10 cent. jusqu'à 50 grammes, avec augmentation de 0 fr. 05 cent. par 50 grammes ou fraction de 50 grammes excédant.

Pour les envois provenant ou à destination des militaires, le tarif reste fixé à 0 fr. 05 cent. par 50 grammes ou fraction de 50 grammes excédant.

7° Avis de réception des envois recommandés ou de valeurs déclarées : 0 fr. 15 cent.

Sont maintenues toutes les dispositions des lois postales en vigueur qui ne sont pas contraires à celles ci-dessus.

Sont notamment maintenues :

1° La taxe exceptionnelle de 1 centime concédée à certains imprimés spéciaux en vertu des lois antérieures ;

2° Les taxes applicables aux impressions spéciales à l'usage des aveugles ;

3° Les tarifs spéciaux concédés à la correspondance concernant l'exécution des lois relatives aux retraites ouvrières et paysannes, aux retraites des ouvriers mineurs, à l'impôt sur le revenu et à la contribution extraordinaire sur les bénéfices de guerre.

Taxes télégraphiques.

Art. 23. — Dans le régime intérieur, les surtaxes suivantes sont appliquées, savoir :

a) Télégrammes ordinaires ou de presse :

0 fr. 15 cent. sur les télégrammes ne dépassant pas 10 mots ;

0 fr. 25 cent. sur les télégrammes au-dessus de 10 mots et ne dépassant pas 50 mots ;

0 fr. 50 cent. sur les télégrammes de plus de 50 mots.

b) Télégrammes avec priorité :

0 fr. 50 cent. sur les télégrammes ne dépassant pas 50 mots ;

1 fr. sur les télégrammes de plus de 50 mots.

c) Cartes pneumatiques :

0 fr. 10 cent. sur celles du poids de 7 grammes et au-dessous ;

0 fr. 15 cent. sur celles d'un poids de plus de 7 grammes et ne dépassant pas 15 grammes ;

0 fr. 25 cent. sur celles d'un poids de plus de 15 grammes et ne dépassant pas 30 grammes.

d) Adresses enregistrées ;

20 fr. pour un an ;

10 fr. pour un semestre ;

2 fr. 50 pour un mois.

e) Redevance pour droit d'usage des lignes d'intérêt privé :

10 fr. par kilomètre de ligne et par an ;

10 fr. par poste en sus de deux et par an ;

f) Redevance pour usage de fils loués ou concédés à la presse :

Fils loués :

Conducteur desservi par un Morse, 6 fr. par heure.

Conducteur desservi par un Hughes, 12 fr. par heure.

Conducteur desservi par un Baudot :

Pour le premier clavier, 6 fr. par heure.

Par clavier de transmission en sus, 12 fr. par heure.

Fils concédés :

1° De bureau de l'Etat à bureau de l'Etat :

Conducteur desservi par un Hughes, 5 fr. par heure.

Conducteur desservi par un Baudot :

Pour le premier clavier, 2 fr. par heure.

Par clavier de transmission en sus, 6 fr. par heure.

2° De bureau privé à bureau privé :

Conducteur desservi par un Hughes, 5 fr. par an et par kilomètre.

Conducteur desservi par un Baudot :

Pour le premier clavier, pas de changement.

Par clavier de transmission en sus, 5 fr. par an et par kilomètre.

Les surtaxes applicables aux télégrammes spéciaux, aux copies de télégrammes, aux télégrammes téléphonés, seront fixées par arrêtés.

Taxes téléphoniques.

Art. 24. — Dans le régime intérieur, les surtaxes suivantes sont appliquées :

Communications locales : 5 centimes.

Communications interurbaines :

5 centimes sur les taxes de 25 centimes ;
10 centimes sur les taxes de 40 centimes ;
15 centimes sur les taxes de 50 centimes ;
20 centimes sur les taxes de 75 centimes ;
25 centimes sur les taxes de 1 fr. ;
45 centimes sur les taxes de 1 fr. 25 ;
50 centimes sur les taxes de 1 fr. 50 ;
60 centimes sur les taxes de 1 fr. 75 ;
75 centimes sur les taxes de 2 fr. ;
1 fr. sur les taxes de 2 fr. 25 ;
1 fr. sur les taxes de 2 fr. 50 ;
1 fr. 25 sur les taxes de 2 fr. 75 ;
1 fr. 50 sur les taxes de 3 fr.

Messages téléphoniques : 25 centimes.

Avis d'appel téléphoniques :

5 centimes sur les taxes de 25 centimes ;
10 centimes sur les taxes de 30 centimes ;
20 centimes sur les taxes de 40 centimes ;

Accusés de réception des messages téléphoniques : 15 centimes.

Accusés de réception des avis d'appel téléphoniques :

15 centimes sur les taxes de 15 centimes ;
20 centimes sur les taxes de 20 centimes ;
30 centimes sur les taxes de 30 centimes.

Abonnements :

A. — *Réseau de Paris et autres réseaux forfaitaires* :

Postes principaux permanents. Postes temporaires. Lignes spécialisées de Paris :

12, 50 p. 100 sur les postes des particuliers ;
25 p. 100 sur les postes d'immeubles ;

100 p. 100 sur les postes installés dans des ocaux où ils sont mis habituellement à la disposition de la clientèle, du public, ou des membres d'un groupement quelconque titulaire du poste.

Postes supplémentaires :

Tarif A, 25 p. 100.
Tarif B, 25 p. 100,

Postes interurbains, 25 p. 100.

Transferts :

Réseau de Paris, 10 fr.
Autres réseaux forfaitaires, 5 fr.

B. — *Réseaux à conversations taxées* :

Postes principaux, 12, 50 p. 100.

Postes supplémentaires :

Tarif A, 25 p. 100.
Tarif B, 25 p. 100.

Transferts, 5 fr.

Redevances sur les organes accessoires des installations téléphoniques, 20 p. 100.

Communications directes pendant les heures de fermeture des bureaux, 5 fr. par mois.

Taxes sur les bons, mandats-poste, etc.

Art. 25. — Dans le régime intérieur, les surtaxes suivantes sont appliquées au droit postal actuel de commission à percevoir sur les bons de poste, mandats de poste ordinaires, mandats-cartes, mandats-lettres, mandats d'abonnement et mandats télégraphiques :

5 centimes pour les envois jusqu'à 20 fr. ;

10 centimes pour les envois de 20 fr. jusqu'à 500 fr. ;

20 centimes pour les envois supérieurs à 500 fr.

Avis postal de payement d'un mandat ou d'un bon de poste : surtaxe de 5 centimes.

Art. 26. — Dans le régime intérieur français, la taxe des enveloppes d'envoi de valeurs à recouvrer se compose d'une taxe d'affranchissement calculée d'après le tarif des lettres et d'une taxe fixe de recommandation de 15 centimes.

Le nombre et le montant total des valeurs à recouvrer pouvant être insérées dans un même envoi restent soumis aux limites fixées antérieurement par décrets.

La taxe à appliquer aux valeurs impayées et aux envois contre remboursement refusés par les destinataires est élevée de 10 à 20 centimes.

Art. 27. — Des arrêtés détermineront les conditions d'application des nouvelles taxes prévues aux art. 25 et 26 de la présente loi dans les relations coloniales et entre la métropole et les bureaux français à l'étranger.

Art. 28. — La date d'application des tarifs prévus par les art. 22 à 26 est fixée au 1er janvier 1917.

DÉCRET

Du 15 Janvier 1917,

Relatif à la perception de l'impôt sur les spectacles

LE PRÉSIDENT DE LA RÉPUBLIQUE FRANÇAISE ; — Vu l'art. 13 de la loi du 30 déc. 1916 ; — Sur la proposition du ministre des finances et du ministre de l'instruction publique et des beaux-arts ; — Décrète :

Art. 1er. — Deux jours avant l'ouverture ou la réouverture des établissements visés à l'art. 13 de la loi du 30 décembre 1916 ou avant toute représentation exceptionnelle, les directeurs ou organisateurs doivent en faire la déclaration à l'administration générale de l'Assistance publique pour la ville de Paris et à la mairie en tout autre lieu.

Art. 2. — La taxe sur le prix des places dans les théâtres, concerts et music-halls, sera encaissée par les soins des directeurs des établissements ou les organisateurs des représentations, pour être versée par eux à l'Etat.

Dans tous les établissements visés à l'art. 13 de la loi du 30 décembre 1916, chaque entrée, payante ou gratuite, sera constatée par la remise d'un billet extrait d'une carnet à souche spécial par chaque catégorie de billets portant imprimés la catégorie et le prix et muni d'un coupon qui sera détaché au contrôle. Pour les loges, avant-scènes ou baignoires qui ne sont pas divisées, le billet pourra être collectif ; dans le cas contraire, et pour toutes les autres catégories de places, il sera délivré un billet par spectateur. Les coupons-bureau ou location seront classés séance tenante par le personnel de l'établissement, suivant les catégories de places, en présence de l'agent de perception et remis à celui-ci dans la salle des comptes. Les carnets de billets doivent être numérotés suivant une série ininterrompue et utilisés dans l'ordre numérique. Pour la location, des carnets spéciaux doivent être affectés aux représentations — matinées ou soirées — données aux différents jours de la semaine ; ceux utilisés un jour ne pouvant servir ensuite que pour le même jour de la semaine suivante.

En outre, et d'une manière générale, les prescriptions relatives au contrôle de la perception du droit des pauvres, prévues par les arrêtés du préfet de la Seine ou des maires, sont applicables à la perception de l'impôt prévu par l'art. 13 de la loi du 30 décembre 1916.

Art. 3. — Les contrôleurs du droit des pauvres, commissionnés à cet effet par l'administration des contributions indirectes et les agents de cette administration désignés par le directeur départemental sont chargés de la surveillance des opérations prévues à l'article qui précède. Une place leur est réservée au contrôle, et ils ont accès dans la salle pour le comptage des spectateurs, s'il y a lieu.

Ils établissent, d'après les coupons qui leur leur sont remis en exécution de l'art. 2, un relevé récapitulatif des entrées par catégories. Ils procèdent à tous rapprochements utiles avec les souches des carnets de billets, les feuilles de location et d'abonnement, les bordereaux des guichets de vente, et le plan sur lequel sont marquées les places occupées.

Ces différents documents doivent être tenus à leur disposition et conservés par la direction de l'établissement jusqu'à la vérification des comptes par un agent supérieur, sans que ce délai puisse excéder un an.

Art. 4. — Dans les théâtres et music-halls, la recette appartenant à l'Etat est versée à l'agent de perception avant la fin de chaque représentation, au vu du relevé prévu au deuxième paragraphe de l'article précédent.

Dans les cinématographes, le relevé en question est arrêté à la fin de chaque représentation par l'agent de perception et le directeur de l'établissement ou son représentant, en double expédition. Le payement de l'impôt est effectué chaque jour entre les mains de l'agent de perception, à raison de 5 p. 100 des recettes brutes (droit des pauvres déduit) à partir du premier jour du mois et jusqu'à ce que les recettes du mois aient atteint 25.000 fr. ; à raison de 10 p. 100 ensuite et jusqu'à ce que les recettes aient atteint 50.000 fr. ; puis à raison de 20 p. 100 jusqu'à ce que les recettes aient atteint 100.000 francs, et enfin à raison de 25 p. 100 jusqu'à la fin du mois.

Art. 5. — Un délai de deux mois est accordé — pour se conformer aux prescriptions de l'article 2 — aux directeurs des établissements dans lesquels l'entrée est actuellement libre et le prix des places payé à l'intérieur. Jusqu'à l'expiration de ce délai le décompte de l'impôt sera établi par comptage des places occupées, payantes ou non, et à raison du prix normal de ces places, sans aucune déduction à raison d'une fourniture quelconque.

Art. 6. — Les directeurs des établissements visés par la loi pourront, sur leur demande, être dispensés des formalités et obligations prévues aux art. 2 et 3, moyennant un abonnement consenti par l'administration pour une période qu'elle déterminera.

Le taux de l'abonnement sera fixé par le directeur des contributions indirectes, d'après une évaluation de la recette moyenne correspondant au nombre de places occupées — payantes ou gratuites — et basée soit sur les résultats d'une période pendant laquelle les entrées auront été contrôlées, soit sur un comptage des spectateurs opéré par épreuves, soit enfin d'après le nombre total des places et leur prix, avec une déduction forfaitaire pour places vides.

Le montant en sera payable par décade et d'avance.

Art. 7. — Seront considérés comme appartenant à la catégorie des théâtres, pour l'application du tarif, tous les établissements qui, d'après le décret de 1864 relatif à la liberté des théâtres, ne sont pas astreints à l'autorisation administrative.

Seront considérés comme appartenant à la catégorie des music-halls les établissements astreints à cette autorisation, à l'exception des cinématographes.

Art. 8. — Le recouvrement des droits sera poursuivi comme en matière de contributions indirectes.

Les contraventions seront constatées et les poursuites exercées suivant les formes propres à cette administration.

Art. 9. — Les ministres de l'instruction publique et des beaux-arts et des finances sont chargés, etc.

TABLE CHRONOLOGIQUE

Impôt sur le revenu.

Contribution sur les bénéfices de guerre.

Taxes nouvelles.

TABLE ALPHABÉTIQUE

DES MATIÈRES

Impôt sur le revenu.

Contribution sur les bénéfices de guerre.

Taxes nouvelles.

Imp. E. Desfossés, Paris, 13, quai Voltaire. — 88306

www.ingramcontent.com/pod-product-compliance
Ingram Content Group UK Ltd.
Pitfield, Milton Keynes, MK11 3LW, UK
UKHW020234220726
13923UKWH00002B/637